Claus Eurich
Die heilende Kraft des Scheiterns

AF204898

Verlag Via Nova

Claus Eurich

Die heilende Kraft des Scheiterns

Ein Weg zu Wachstum,
Aufbruch und Erneuerung

Verlag Via Nova

1. Auflage 2014

Verlag Via Nova, Alte Landstr. 12, 36100 Petersberg

Telefon: (06 61) 6 29 73

Fax: (06 61) 96 79 560

E-Mail: info@verlag-vianova.de

Internet: www.verlag-vianova.de / www.transpersonale.de

Umschlaggestaltung: Guter Punkt, München

Satz: Sebastian Carl, 83123 Amerang

Verzierung S. 9: © Milos Dizajn – shutterstock_150103664

Druck und Verarbeitung: Druckerei C. H. Beck, Nördlingen

ISBN 978-3-86616-293-8

Inhalt

„Meiner Mutter"

A

Zerbrochene Erwartungen – Das Scheitern

Was heißt Scheitern?

Scheitern als Grunderfahrung des Menschen ist unausweichlich

Wenn wir über ein Thema mit Gewissheit sprechen können, dann darüber, wie universal uns die Endlichkeit gegenübertritt. Leben, wie Menschen es auf der gegenwärtigen Evolutionsstufe für sich erfahren, erhält die Koordinaten der Orientierung und des Handelns aus seiner Begrenzung. In sie hinein betreten wir die Welt, verlassen wir den beschützten Raum des Einsseins mit der Mutter. Dieses erste Verlassen wird zu unserer ersten Erfahrung der Vergänglichkeit, das von nun an jedem Schritt innewohnt. Zunächst bleibt es bloßes Vergehen. Später dann, wenn mit der Lebenserfahrung Erkenntnis hinzutritt und die Vergänglichkeit als Bestandteil aller Existenz gesehen wird, mag es sich wandeln in die Erfahrung zu scheitern. Kaum eine Ebene des Seins kann sich ihr von nun an entziehen.

Keine letzte Sicherheit, keine letzte Verlässlichkeit erwartet als Wegstation den Wanderer und Suchenden. Ihm begegnet unterwegs nur immer wieder, bei allem Schönen und Beglückenden, die Beimischung der Unberechenbarkeit, die in den Irrtum führt. Ihr hält kein Dogma stand, keine als finale Gesetzlichkeit formulierte Letztgewissheit. Aus diesem Blickwinkel gestaltet sich das Leben als eine Wegstrecke voller Enttäuschungen. Aber sie sind, genau betrachtet, Ent-Täuschungen. Denn Täuschungen werden uns im Irrtum und im Scheitern entzogen. Was wir als schmerzvoll und leidgebunden erleben, will doch eigentlich nur heilen.

Bis ins Mark trifft uns der Angriff, der den Kern unseres Selbstverständnisses und unseres Selbstwertgefühls berührt; sei es durch Irrtum oder durch Versagen; sei es durch die Freiheit des anderen, mich zu ignorieren, oder durch eine tiefe Kränkung; sei es durch einen „Schicksalsschlag". Denn neben aller grundsätzlich gegebenen Verletzlichkeit hat jeder seine „Achillesferse" und sein „Lindenblatt". Werden wir dort getroffen und traumatisiert, können ganze Lebensentwürfe und persönliche Wertsysteme zusammenbrechen. Selten bewusst, zumeist unbewusst, versuchen Menschen dieser als Anfälligkeit interpretierten Verwundbarkeit, die immer mit im Spiel ist, auszuweichen, indem sie dem ungewissen „Außen" und unsicheren Zielen ein übersteigertes und als sicher abgeschottetes Ich gegenübersetzen. Die Unerschütterlichkeit, die sie damit erstreben, nimmt dann allerdings sogar die Kontingenz noch aus dem Spiel. Sie müssen scheitern, ohne Alternative. Eine Gnade, wenn sie dann ihr Scheitern im Wesensgrunde verstehen – als die Voraussetzung zur Eröffnung der Seinsfrage in ihren Tiefenschichten.

Ob das, was uns widerfährt, uns als „Scheitern" widerfährt, wie es uns berührt, trifft, verändert und mit welcher Eingriffstiefe, wie wir es also fühlen – das hängt mit unserem Selbstbild zusammen. Es gibt keine objektivierbaren Maßgrößen und Messverfahren, nur die innere Stimme und hinsichtlich der als eigene Anteile wahrgenommenen Schuld das, was wir Gewissen nennen. In mir und durch mich ersteht das Ausmaß des Scheiterns vom Bruch, der zu kitten ist, bis zum Tod, den ich schon als Lebender erleide.

Als ein Sterben inmitten des Lebensstromes, der mich weiterträgt, wird von vielen Menschen das Zerbrechen einer Beziehung, das Ende einer Ehe gesehen und empfunden. Anders als bei vergleichsweise tief einschneidenden und entwurzelnden Schicksalsschlägen, wie dem Tod eines geliebten Menschen oder eines nahen Angehörigen, spielt hier immer der Faktor der eigenen Schuld mit. Dorothee Sölle schreibt über die Scheidung ihrer Ehe: „Dieser Tod (es geht um den Beziehungstod) war für mich die vollständige Zerstörung eines ersten Lebensentwurfs. Alles, worauf ich gebaut hatte, was ich gehofft, geglaubt, gewollt hatte, war vernichtet… Ich habe über drei Jahre gebraucht, nicht, um damit fertig zu werden, sondern um die mich ständig begleitenden Wunschphantasien des Selbstmordes zu überwinden." (Sölle 1975, S. 42 f.) Und Dorothee Sölle weist auf auftauchende Fragen hin, denen sie sich stellen musste. Was habe ich vergessen, was versäumt, was unwiderruflich falsch gemacht? Die abgrundtiefe Trauer über das von mir fortgerissene und in Teilen aus mir herausgerissene Du, die Abspaltung eines als Teil von mir gesehenen und gefühlten Lebensfeldes, zieht in den Abgrund durch den in der Trauer sich übersteigernden Selbstvorwurf. Und es braucht Zeit, Kraft und Leidensbereitschaft, um irgendwann neben allen Eigenanteilen auch die oft tragische und trotzdem unvermeidbare Ausweglosigkeit mancher Beziehungskonstellationen zu erkennen; zu sehen, dass auch die Dauer der Ehe irdisch ist und damit endlich. Sie steht im Fluss der Zeit. Und wandelt sie sich nicht kontinuierlich im Miteinander, erstarrt sie und stirbt, noch während sie im äußeren Beieinandersein weiterexistiert. Scheitern als Sterben im Leben, das zeigt das Beispiel der auf ein ganzes Leben hin gedachten Partnerschaft, bricht nicht ein als punktuelles Ereignis. Es ist ein Prozess, dessen Potentialität bereits in jedem Entstehen mahnend durchscheint.

In der Begegnung von Angesicht zu Angesicht, in der Berührung der Herzen und der Seelen, in der Beziehungsebene, also von Ich und Du, erweisen sich die unmittelbare Nähe und die Intimität des Scheiterns. Doch wir stehen nicht nur in Beziehung zu diesem Du unserer sozialen Mitwelt. Als Gegenüber tritt dem Menschen, der seine Identität als Ich interpretiert, auch das Du der natürlichen Mitwelt/Natur, das göttliche Du sowie sein eigenes, das Selbst, entgegen. Und er lebt in der Verwiesenheit auf und die Eingebundenheit in gemeinschaftliche Prozesse und Strukturen, mikrokosmisch und makrokosmisch, lokal, national und global. Auf all diesen Ebenen ist Scheitern denkbar und findet es statt. Nicht nur durch mich als Person, sondern auch durch mich als Teil eines Wir, einer Familie, einer Gruppe, einer Nation, einer Kultur, einer Religion, ja als Gattung Mensch selbst.

Die Universalität des Scheiterns zeigt sich wohl am brutalsten in der gestörten Beziehung zwischen Mensch und Erde, die ihn hervorgebracht hat, die ihn trägt und wieder aufnimmt. Umso existentieller und tragischer wird hier das Scheitern, je mehr wir den Planeten als von uns abgespalten und nicht als Teil von uns sehen und vor allem nicht empfinden. Der Geist trennt sich von der Materie und kappt zugleich die Nabelschnur. Selbstverschuldet misshandeln wir das „Fremde" und verwunden uns damit selbst.

Solches Scheitern liegt immer auf dem Weg, wo das Ganze in Teile zerspalten und in der Folge nur noch von den Teilen her betrachtet wird. Scheitern wird auch jedes Streben nach Wiedererlangung oder Neugestaltung von Ganzheit, solange es aus Partikularinteressen rührt. Und die Flucht in ein Verhältnis, eine Subkultur, einen religiösen Kokon, in Medien- und Lifestylewelten bleiben, was sie sind: Flucht.

Lebenstraum und Wirklichkeit

Im Alltag des Menschen liegt Scheitern im Verfehlen der Handlungsintentionen. Das Vorgedachte hat den Schatten nicht mitbedacht, der immer zwischen die Idee und den Versuch ihres Vollzugs fällt. Denn nichts kann in endgültiger Perfektion gelingen. Die Reinheit der geistigen Vorstellung verhält sich zu einer vielschichtigen und unberechenbaren Wirklichkeit wie der Nordstern zum Wanderer, der Orientierung suchend ankommen will. Er wird ermattet resignieren, wenn er das Licht des Himmelskörpers mit dem Ziel, das erreicht werden kann, verwechselt und sich sodann in die Unfähigkeit geworfen sieht zu vollenden. Sicher, es sind die höchsten Ideale und die kristalline Klarheit eines Entwurfs, die Menschen im Wachstum halten und sie führen. Umso tiefer aber erscheint auch der mögliche Fall. Teilhard de Chardin sprach einmal davon, dass die Erhabenheit der Bergzinne nur vor der Tiefe des Abgrunds recht ersichtlich würde (1962, S. 184).

In der seelisch-geistigen und der spirituellen Lebensorientierung wird die Diskrepanz zwischen dem sich sehnsüchtig streckenden Geist und der ganzen Banalität einer enttäuschenden Alltagspraxis noch schmerzvoller bewusst, wenn es die höchstgesteckten Wünsche sind, von denen ich ein erfülltes Sein abhängig mache. Dann mutieren der Wunsch zur Illusion und die edle Hoffnung zur Droge, die die Illusion im Bewusstsein hält. Diese Hoffnung zieht Unglück nach sich, wenn sie Menschen „dem Schweigen der Festung entreißt und sie auf die Wälle treibt in Erwartung des Heils." (Camus 2001/1953, S. 41)

Es gehört zur Paradoxie des Scheiterns, dass seine Heftigkeit mit der geistigen Größe dessen, der scheitert, und/oder mit seiner vermeintlichen Stärke zunimmt. Unbedingtes Engagement bei den Aufgaben im Alltag, bedingungslose Treue in der Liebe … sie führen ins Verhängnis, wenn ihre Statik die Wellenbewegungen des Lebens nicht abfedern kann; genau wie die Größenphantasien der oft kreativsten Menschen, die damit ein an sich immer auch labiles Ich zu stabilisieren suchen.

In der Offenheit des Noch-Nicht liegt die Basis aller großen Visionen – im Leben des Einzelnen und in der Geschichte von Kulturen. Als dunkel und verhüllend bewegt sich das Noch-Nicht vor dem Schon-Jetzt und konfrontiert damit fast unausweichlich mit der Erwartung des Lichts. Und dann tritt neben die Vision ganz leise und doch mit mächtiger Präsenz die Vermessenheit und mit ihr die Selbsttäuschung. Perversa securitas, seinswidrige Sicherheit, wurde sie von Augustinus genannt (vgl. Pieper 1935, S. 68 ff.). In dem Ansinnen, die Koordinaten des Wirklichkeitsgemäßen zu ignorieren und zu überschreiten, schwingt das Pendel zwischen außergewöhnlicher, beflügelter Ermöglichung und der Schwerkraft des Greifen-, Halten- und Sichern-Wollens. Viele der schönsten Aufbrüche und ausnahmslos alle durchkämpften Revolutionen sind dieser Schwerkraft letztendlich erlegen und damit der Zerstörung ihres eigenen Impulses. Der Ursprung dieser Schwerkraft ist die Angst. Sie macht feindselig gegenüber eigenen Wachstumspotentialen und der Akzeptanz jenes Naturgesetzes, das uns lehrt, dass nur das in Bewegung und Transformation sich Befindende noch lebt. Angst, die sich am potentiellen Verlust orientiert, lässt erstarren, und sie sucht die Erstarrung, die feste und vermeintlich unvergängliche Form. Als „Liebe zum Leben" maskiert, führt sie in die Dynamik des Scheiterns und schließlich in den Verlust des Lebens. Die Schwerkraft des Besitzstrebens auf allen Ebenen des Seins und die spiegelbildliche Angst vor dem Verlust machen vor allem in den westlichen Haben-Kulturen Strategien der Verdinglichung so erfolgreich. Das „Ding" kann ich besitzen, als „Ding" ist mir etwas verfügbar. Durch Verdinglichung lässt sich in angstbesetzten Seelen auch das edelste Streben ausbeuten.

Im Scheitern nähern wir uns nicht nur den Grenzlinien des Lebens, wir betreten sie. Kein Reden hilft dann mehr, zunächst. Und das Verstummen, dieser in sich gerichtete stille Schrei, wirkt nur nach außen leise. In die Seele dringt er wie ein scharfes Messer. Die Antwort auf ihn nennt keine Gründe. Sie ist ein bloßes, verstärkendes Echo. Der Stich in die Seele löst Schmerzen aus, die körperlichen vergleichbar sind, ja, als solche empfunden werden. Neurophysiologisch erklären lässt sich das mittlerweile damit, dass die seelischen Qualen, PTED genannt, (Posttraumatic Embitterment Disorder; vgl. Science, Bd. 302/2003, S. 290) im selben Zentrum des Gehirns wie körperliche beheimatet sind.

Der „Scheitern" genannte Zusammenbruch zentraler Lebenskoordinaten kann als ein geistiges Sterben angesehen werden, als eine Art sozialer Tod. In ihm verlassen wir die Gemeinschaft, die im Dialog mit unserer Umwelt bestand und die Heimat schenkte; bzw. wir werden aus dieser Heimat verstoßen, wenn ein Du sich von uns abwendet oder wir uns verlassen glauben. Dieser Fall aus der Biographie ist ein Fall ins Namenlose und entsprechend tief. Perspektiven und Zukunftsschimmer gleiten an ihm vorbei. Auswege scheinen verstellt oder verbaut, alternativlos.

Scheitern ereignet sich trotz langer Vorläufe und Absehbarkeiten zumeist abrupt. Es schlägt ein wie ein Blitz … am Tag des Auszugs, der die Trennung besiegelt, in der Stunde der Kündigung einer Arbeitsstelle, in der Sekunde, in der ein Vertrauensbruch sich offenbart, in dem Moment der Zurückweisung einer Liebesbekundung. Das Desaster, das dieser Einschlag hinterlässt, führt zur Störung oder Unterbrechung nahezu jeglicher Funktionalitäten im Alltag. Wenig erscheint jetzt noch tragfähig und sowohl die, die es trifft, als auch die, die es aus der Nähe verfolgen, sehen sich mit der Frage konfrontiert, worin denn überhaupt noch Verlässlichkeit liegt.

Scheitern als Tabu

Zu versagen, an der Welt und/oder an sich, kennt in unserer Kultur kein wirkliches Verständnis. Sie hält keine positiven Deutungsangebote bereit, ja verwirft entsprechende Konzeptionen. Der Gescheiterte trägt sein Zeichen auf der Stirn, sein von der Mitwelt wahrgenommenes Leben stört die eingespielten Routinen. Vor allem aber stellt es die mühsam im Gleichgewicht gehaltenen Sicherheiten der sozialen und gesellschaftlichen Organisationsweisen in Frage. Die dann folgende Tabuisierung des Scheiterns hat zwei Seiten. Der scheiternde Mensch weicht der Einsicht in sein eigenes Verschulden aus, spürt er doch unbewusst, dass diese Selbsterkenntnis nach allem nun auch noch sein kunstvoll geschmiedetes Selbstbild einschmelzen würde. Und er trachtet zu vermeiden, dass das Bild, das nach seiner Ansicht die anderen von ihm haben, nicht verbrennt. Es waren dann die Umstände, die ihm keine Chance ließen, oder die Unfähigkeit und das Übelwollen der sozialen Mitwelt – in der Gestalt eines Einzelnen oder auch eines Kollektivs.

Durch die soziale Umwelt wird das Scheitern eines Menschen, vor allem hinsichtlich seiner strukturellen und organisatorischen Bedeutung, durch Individualisierung neutralisiert oder entsorgt. „Das ist seine Privatsache, sein Problem." Das Funktionieren des Systems rangiert deutlich vor der Lebensbewältigung. Und dies wirkt sich umso gravierender aus, je struktureller und ökonomisch anfälliger Gesellschaften und Kulturen werden und je schwächer sich die Auffang- und Ausgleichsfähigkeit der traditionellen sozialen Netze, wie Familie, Freundeskreis, Verwandtschaft, religiöse und politische Gemeinschaften, darstellt.

Mitunter groteske Züge trägt die Verdrängung des Scheiterns in der Politik; als Angewohnheit etwa, noch aus der schmerzhaftesten Niederlage einen Sieg zu formulieren; als Unfähigkeit, einzugestehen, dass gegebene Versprechen nicht eingehalten wurden, als systematische Abwälzung jeglicher Schuld auf Verursacher statt Ursachen, auf den politischen Gegner oder dunkle Hintermänner. Die Gründe hierfür sind offensichtlich, und sie wurzeln in Angst und in vornehmlich bei Männern sich offenbarender narzisstischer Kränkung. Es ist die Angst jener vor Bloßstellung, die in der Öffentlichkeit leben und die Öffentlichkeit als Lebenselixier benötigen; jene, die spüren, dass Ämterverlust nicht nur Machtverlust hieße, sondern Öffentlichkeitsentzug. Er aber trägt für die, die medial ausgerichtet leben und die sich von dorther ihre Bestätigungen holen und ihre Seinsberechtigung attestieren lassen, das Antlitz des Nichts. Dabei wäre gerade die Politik ein Paradefeld für die öffentliche Einübung und öffentliche Präsentation eines Umgangs mit dem doch unvermeidlichen Scheitern in Größe und Würde; unvermeidlich, weil bezogen auf die großen politischen Ideale, deren Verwirklichungsstreben in einer hyperkomplexen, globalisierten und vielfältig anfälligen Welt mehr und mehr zum Irrlicht wird. Das Tabu

Zerbrochene Erwartungen – Das Scheitern

in der Politik, Scheitern einzugestehen, raubt einer Gesellschaft nicht nur Vertrauen, sondern vor allem auch mögliche Identifikationsfelder und Identifikationsfiguren. Ihr gehen die Vorbilder verloren. Denn Vorbild kann nur sein, wer Größe in der Niederlage zeigt und damit in dem, was jeder von uns jederzeit am eigenen Leibe erfahren kann.

Trotz aller rhetorischen Kunstgriffe bleibt das Scheitern in der Politik nur selten im Verborgenen, solange die Kontrolle durch eine funktionierende Öffentlichkeit stimmt. Anders in der Wissenschaft. Die Regeln in dieser Welt lassen kein Scheitern und damit keinen Verlust des Renommees zu. In der Wissenschaft gibt es nur Sieger, wie die bei Bewerbungen und Ehrungen entworfenen Biographien und Selbstdarstellungen zeigen. Ihre Sprache ist die des ungebrochenen Erfolgs (Vgl. Helble 2000, S. 82 ff.). Die Selbstbestätigungsrituale innerhalb der scientific community werden früh gelernt und sind tief verinnerlicht. Nichts ist schlimmer, als im Kreise der Gelehrten sich bloßgestellt zu sehen. Dabei kann auch die Geschichte der Wissenschaft durchaus als eine Geschichte der Niederlagen gelesen werden. Und Niederlagen in der Wissenschaft, das Scheitern einer Idee, einer Konzeption, eines Experiments waren und sind immer wieder die Voraussetzung für wissenschaftlichen Fortschritt. Irrtümer, Ziele verfehlen, sich in theoretischen und empirischen Sackgassen verrennen – sie sind das Fundament für korrigierte und differenziertere Erkenntnis durch diejenigen, die folgen. Im Unvorhergesehenen, in der Abweichung und auch im Fehler, aber nicht in der stromlinienförmigen Sukzession warten Durchbrüche, neue Einsichten, ja wissenschaftliche Weltbildveränderungen. Im eigenen Scheitern den Vorläufer des Erfolgs zu sehen setzt allerdings ein komplexeres und systemischeres Denken voraus, das nicht das Ich im Zentrum sieht. Und es erfordert neben dieser Kunst des Überblicks auch Demut.

Wir können als Sinnwesen wohl nicht anders, als allem, was wir tun und womit wir es zu tun haben, Sinn zuzuschreiben. Die Unausweichlichkeit des Scheiterns und seine drohende Nähe in jedem Augenblick des Lebens konfrontieren deshalb seit je Menschen mit der Frage nach seiner möglichen tieferen Bedeutung. Die Frage, die hinter dieser Frage steht, ist die nach dem Sinn der Existenz schlechthin. Denn wenn das Leiden in seiner Allgegenwärtigkeit eines tieferen Sinnes entbehrt, wo ist dann überhaupt noch einer zu erkennen? In manchen Religionen, der christlichen im Besonderen, hat dies zu einer ausgesprochenen Ideologisierung und zugleich Ästhetisierung von Scheitern und Leiden geführt. Durch das Scheitern erzieht Gott den Menschen; es ist seine Weise, zu strafen und durch Strafe seine „Liebe" zu bekunden. Vor allem das Leiden Jesu und sein zu irdischen Lebzeiten unüberbietbares Scheitern als Prophet und Messias gaben den Anlass für Leidensverherrlichung. Wie ihm, so auch mir. Norbert Greinacher spricht von dem „Masochismus der Frommen, der das Leiden geradezu sucht, ja, in das Leid und das Scheitern verliebt ist. Man kann das Leid auch genießen und kann aus Selbsthass Lustgewinn schöpfen. Nicht selten schlägt dann der Masochismus in Sadismus um." (Greinacher 1990, S. 358)

In der auf Jesus bezogenen Leidensverherrlichung bleibt verborgen, wie human und menschlich, wie sanft und doch klar er selbst auf seine Niederlagen vor den Menschen reagierte, in dieser grandiosen Mischung aus Traurigkeit, Liebe und Erhabenheit.

Ausgeliefertsein – Das Dunkel der Ohnmacht

Kraftlosigkeit, Unvermögen, das Bewusstsein, an Grenzen geworfen zu sein, und die Ohnmacht stoßen uns unbarmherzig auf die Tatsache, dass es an dem Punkt, an dem wir angelangt sind, nicht weitergeht; nicht mit den bekannten Mitteln, nicht auf den vertrauten Wegen. Doch wäre es ja nur das. Oft aber heißt Ohnmacht, der Willkür ausgeliefert zu sein, der anderer Menschen und der deutungsleerer Situationen und Ereignisse. Naturkatastrophen, die wahllos Menschenopfer fordern, gehören zu diesen Ereignissen, denen wir bezogen auf die Existenz eines Menschen allenfalls einen konstruierten „Sinn" beimessen können; zeigen sie uns doch überdeutlich, dass Sinn nur gesehen werden kann bezogen auf vom Menschen selbst geschaffene Vorstellungen. Auch Unglücke und manche Verbrechen, in denen es keine konkrete Opfer-Täter-Geschichte bzw. -Beziehung gibt, gehören dazu. Sie überrollen als Zufallsdesaster jede Berechenbarkeit, jede Planung, jeden perspektivischen Horizont. Einem schicksalhaften Verhängnis durch Hilflosigkeit ist ausgeliefert, wer die übermächtige Gewalt anderer Menschen erleiden muss. Ihm widerfährt etwas ohne Chance der Reaktion. Jede nachträgliche Sinnzuweisung wird dann nicht mehr als eine zitternde Geste der Hilflosigkeit. Und es schmeckt nur noch bitter, wenn Sinnzuweisungen dort probiert werden, wo der Faktor Sinn selbst ausgerottet wurde – wie bei den unzähligen Genoziden der Menschheitsgeschichte.

Bezogen auf das, was wir Ohnmacht nennen, ist es angemessen, diese Ebenen zu unterscheiden und von dem, was aus dem Dunkel heraus gewalthaft übermächtig sich ereignet und für alle Betroffenen im Dunkel des Verstehens verbleibt und zutiefst verstört, von Verhängnis zu sprechen. Einem Verhängnis kann ich aus eigener Kraft nicht entkommen. Ohnmacht als Grenzerfahrung hält demgegenüber Optionen der Entwicklung von Situation und Person.

Der Ohnmacht kann man sich nicht nähern, ohne Macht zu thematisieren, auch wenn es ein Trugschluss scheint, Macht allein aus der Existenz von Ohnmacht zu begründen, und umgekehrt. Selbstredend gibt es diesen wechselseitigen Bezug. Doch es gibt auch die Nichtbeziehung, die Fremde zwischen beiden.

Die Erscheinungsweisen der Macht reichen von systematischem Entzug der Lebenschancen einzelner und von Gruppen, von narzisstischen Persönlichkeitsstörungen mit Omnipotenzdrang über Hoheits- und Kontrollmacht bis hin zu den konstruktiven und schöpferischen Dimensionen. Die destruktiven Weisen der Macht sind scharf und hart; sie brechen das menschliche Du und lassen es seine Demütigung deutlich spüren. Andere Weisen der Machtausübung funktionieren als Ordnungsprinzip von Staaten, Institutionen und Organisationen. Es gibt aber auch solche, die sich verschwenden, um Leben zu gestalten, Handlungsspielräume zu öffnen und Sinn zu stiften. Von solcher Macht künden die Ohnmacht Jesu, die Gewaltlosigkeit Gandhis, die Versöhnungskraft Nelson Mandelas, die in Menschenliebe wurzelnde Autorität großer Lehrer, die in der Begleitung und Erziehung ihrer Kinder sich hingebende Liebeskraft einer Mutter.

Zu den destruktiven Seiten der Macht gehört die Instrumentalisierung von Ohnmacht, um in Machtpositionen zu gelangen. Nicht gerade selten bedienen sich in Partnerbeziehungen, im sozialen Miteinander und selbst auf zwischenstaatlicher Ebene Menschen und Gruppen der Ohnmachts- und Opferrolle, um Vorteile zu erzielen. Wer empört sich schon gegen den, der seine Handlungsunfähigkeit zur Schau stellt und mit ihr kokettiert? Hinter solcher heuchlerischen Ohnmacht steht ein verdeckter und unausgesprochener Machtanspruch. Mit der Schwäche als Macht, ja Gewalt, soll erreicht werden, was anders nicht erlangbar schien. Rainer Paris schreibt dazu:

„Die Selbststilisierung als Opfer verwandelt Ohnmacht und Schwäche in ein Mittel der Pression. Sie referiert auf universalistische Werte, die als normative Interpretationsfolie immer schon mitlaufen, und konstruiert die Situation gleichzeitig so, dass es dem anderen nie gelingen kann, dem Pranger zu entgehen. Die Technik ist denkbar einfach: Man übersetzt das Ausstellen des Leids in unmittelbare Anklage und entwirft sich auf diese Weise indirekt als unbeugsamer Wächter der Norm, die der andere verletzt. Damit ist der Thron der Moralität immer schon besetzt." (Paris 2004)

Ohnmacht als Pression vermag zwar subversiv und effektiv zu wirken, am Wesen der Verhältnisse jedoch ändert sie nichts. Sie legitimiert im Gegenteil die vorherrschenden Machtverhältnisse: durch die gewollte Unterdrückung von Handlungs- und Entwicklungsmöglichkeiten der einen Seite und das risikolose partielle Entgegenkommen der Macht. Ohnmacht zu kultivieren dient der harten Macht. Und dem Leiden wirklicher Opfer kommt im Kontext solcher Akte moralischer Selbstermächtigung nur nachgeordnete Bedeutung zu. Sie, die Gedemütigten, Traumatisierten und Verstörten, haben selten noch die Kraft, ihre Sprachunfähigkeit zu überwinden. Und … die wirklichen Opfer werden gemieden. Ihnen mit Anteilnahme, Einfühlsamkeit und tiefem Hören zu begegnen, findet selten statt. Erinnern sie durch ihr Leiden doch an das, was wir als eigene Erfahrung umgehen wollen und das wir lieber verdrängen, als uns ihm zu stellen.

Es mag in diesem Ausweichen begründet sein, dass jene Gestalten der Vergangenheit und Gegenwart, die aus tiefer Ohnmacht heraus verändern und erneuern wollen, ohne sich dieser verwundenden und verwundeten Welt in großer Geste zu widersetzen, dem Fluch der Lächerlichkeit ausgesetzt sind (vgl. Plessner 1981, S. 75 ff.). Ihre Wahrheit wirkt und ist vor den Mauern und Schutzmechanismen des Alltäglichen so ungeheuer und zugleich so paradox, dass sie keiner Logik der Macht und der Effizienz standhält. Diese Menschen verbluten in der Vergeblichkeit der Gestaltung ihres Lebens. Sie sind für sich betrachtet falsch in dieser Rolle ihres Lebens; und doch sind sie unverzichtbar und damit richtig an sich. Was sie durchleben, hält dem menschlichen Sein den Spiegel vor, den Spiegel der Endlichkeit. In ihm erkennen wir den Sinn.

Das Böse

Den gescheiterten und in seiner Ohnmacht völlig entkleideten Menschen umgeben in seiner subjektiven Wahrnehmung keine gewohnten Zusammenhänge mehr. Sie sind von dem Schmerz, der alles überdeckt, unterdrückt. Und schon gar nicht lassen diese Empfindungen ein Erkennen von Sinnhaftigkeit seines Geschicks zu. Solches entzieht sich jetzt dem, was zu denken möglich erscheint. Spürbar bleibt nur das Leiden. Seine Totalität zwingt alle Aufmerksamkeit zu sich hin. In der Welt sein heißt im Leid sein. Mein Sein, und das bleibt als Gewissheit, ist mein Schmerz. Emil Michel Cioran bezeichnet die Tiefe des Leidens als Bewusstsein des Absoluten. Aber er meint es als Defiziterfahrung. Wir seien dieses Absolute einmal gewesen und sind dann aus dem paradiesischen Raum des Seins herausgetreten, Mensch geworden. Jetzt spüren wir im Leiden nur noch, dass wir das Absolute nicht mehr sind, sondern *in* ihm sind, Schiffbrüchigen gleich. „Und so sind wir weder absolut noch wir selbst." (Cioran 1995, S. 249) Die Erkenntnis, die unser Leiden nach dieser Deutung noch zulässt, ist das ewige Erinnern an das Verlorene. Es allein hält sich im Bewusstsein des Gescheiterten.

Im Scheitern, im Zerbrechen, in der Ohnmacht und im Leiden nehmen wir das Menschsein unverhüllt wahr. Und so nackt und schutzlos wie der Mensch sich jetzt selber sieht, kann Welt ihm nur noch als paradoxes, unlösbares Rätsel gegenübertreten. Doch selbst dann, wenn es ihm gelingt, diese Paradoxie auszuhalten und sich den Anforderungen des Lebens in unbedingter Achtsamkeit immer nur für den Moment zu stellen – alles wird zuschanden im Angesicht dessen, was uns noch grauenvoller gegenübertritt als selbst das Verhängnis: das Böse. Dieser in tiefer Dunkelheit liegende Abgrund, der unseren Augen nur ein grauenvolles Nichts offenbart, stellt jedes Räsonnieren, jede Suche in Frage. Wo das Böse beginnt, endet die Philosophie. Es übersteigt das menschliche Erfassen und die Handlungsfähigkeit des Menschen. Von Menschen in die Welt getragen, machen Taten des Bösen weiteres Tun unmöglich. Es hinterlässt Kälte, Grauen, Angst. Wohl alle Völker haben diese Angst erfahren, in allen Epochen der menschlichen Geschichte. Und alle mussten daran versagen, seine metaphysische Tatsächlichkeit und Wirklichkeit zu ergründen. Das Böse gehört dem übermenschlichen Seinsbereich an und ragt doch zutiefst in das Menschliche hinein. Als das Nichtige, von Gott selbst Verneinte, haben es theologische Denker bezeichnet, und für Carl Gustav Jung ist es der schwarze, ewig wirkende Feind in der menschlichen Natur (vgl. Wehr 1990, S. 117).

Als verhängnisvolle Wirklichkeit tritt das Böse im Menschen, durch den Menschen und auf ihn bezogen auf. Zu seiner Erfahrung gehört, dass es „normale" Menschen waren und sind, die ihm dienen. Von der Banalität des Bösen sprach deshalb Hannah Arendt, und sie ergänzt: „… man kann, was den Täter der Untat betrifft, nur mit Jesus sagen: ‚Es wäre ihm nütze, dass man einen Mühlstein an seinen Hals hängte und würfe ihn ins Meer', bzw. es wäre besser, er wäre nie geboren – zweifellos das Furchtbarste, was man von einem Menschen sagen kann." (Arendt 1998/1958, S. 308)

Aber auch wenn das Böse seine metaphysische Seinswirklichkeit hat, so bleibt immer zu konstatieren – und nur hier liegt eine Öffnung –, dass es zum Bösen immer erst im und durch den Menschen, durch dessen bewusste Entscheidung wird. Zwischen „in das Böse geraten" und „das Böse wollen" liegt eine für die Bewertung wichtige Distanz; wobei der Bewertungsmaßstab sich aus dem Entwicklungsstand und der Verfasstheit des menschlichen Bewusstseins ergibt. Mögen die Folgen aus der Opferperspektive auch gleich sein, als Richtschnur gilt der Grad des Bewusstseins. Als metaphysische Seinswirklichkeit bleibt das Böse für den Menschen immer gegenwärtig. Es ruht als potentielle Resonanzfläche in jedem, und es sucht Resonanz. Je ausgeprägter die Trägheit, eine selbstverschuldete und uneinsichtige Unmündigkeit, ungezügelte Emotionen und vor allem die fehlende innere Ausrichtung auf das Göttliche sind, desto stärker schwingt sein Resonanzboden.

Für jeden Menschen als potentiellen Täter stellt das Böse die Probe auf die Freiheit dar, die Probe auf das Durchstehen der Selbstentzweiung, die in der Schöpfung liegt. Die Opfer des Bösen jedoch leben in einer Stunde der Nacht, in absoluter Gottesfinsternis, im Nichts. Jeder Sinn ging hier verloren. Nicht einmal mehr der Zwiespalt zeigt sich, nicht einmal mehr die Absurdität dieser so zu erleidenden Welt dringt als Kategorie in das Bewusstsein. Die Sinn schaffenden Gedankenwelten sind gelähmt. Und die einzige noch existierende Beständigkeit, das nackte Sein, klafft als offene, unheilbare Wunde. Spreche doch dann niemand mehr von Ziel, wo alle Wege im Nichts aufgelöst scheinen; spreche doch dann niemand mehr von Identität, wenn sich über alle äußeren und inneren Orte ein schwerer, undurchdringlicher Nebel gelegt hat; spreche doch dann niemand mehr von Leben, wenn selbst der Tod gleichgültig scheint.

Wer mit der Frage nach dem Sinn seiner Existenz lebt, lebt mit der Einsicht in das Vergehen. Jederzeit. Er wird zum Grenzgänger zwischen Selbstentwurf und Täuschung, Abgleiten und erhobenem Blick, Planung/Erwartung/Hoffnung und Scheitern.

Fallen das Böse und das Grauen in das Sein ein, ereignet sich mehr als Scheitern, mehr als Vergehens- und Verlusterfahrung. Vergehendes steht in einem Prozess, der verwunden kann und doch zum Prozess des Werdens als Voraussetzung für das Neue gehört. Das kann die Seele, auch wenn es Zeit braucht, erkennen. Verlust nimmt, doch meine Gedanken und Gefühle können dem, was sich und wie es sich entzogen hat, noch folgen und es zumindest in Beziehung setzen. Das Grauen demgegenüber kennt keine Relationen, versperrt sich selbst der Seelenmaske des Zynismus. Es neutralisiert Geschichte, aus der zu retten es keine Dokumente mehr gibt. Was war, ist, als wäre es nicht gewesen. Der Ursprung des Grauens liegt im Absoluten, als dessen dunkle Seite. Und entsprechend vernichtend tritt es auf.

Chronos – die verschlingende Zeit, zum Tode hin

„In unserem unersättlichen Hunger nach Dauer verstünden wir vielleicht das irdische Leiden besser, wenn wir es ewig wüssten. Es scheint, die großen Seelen seien manchmal vom Schmerz weniger erschreckt als von der Tatsache, dass er nicht dauert. In Ermangelung eines fortgesetzten Glücks gäbe ein langes Leiden uns mindestens ein Schicksal. Aber nein, auch unsere schlimmsten Qualen enden eines Tages. Nach unermesslichen Verzweiflungen kündigt eine unbezwingliche Lust zu leben uns eines Morgens an, dass alles zu Ende ist und das Leiden nicht mehr Sinn als das Glück hat." (Camus 2001/1953, S. 296)

Vor diesem Blick, geäußert in einem seiner großen Werke, „Der Mensch in der Revolte", wird verständlich, warum der Existenzphilosoph Albert Camus in einem anderen Werk, dem „Mythos von Sisyphos" von dem antiken Helden als jemandem spricht, den wir uns als glücklichen Menschen vorstellen sollen. Glücklich, weil er sein Schicksal, die sich ewig wiederholende vergebliche Mühe und Pein, angenommen und sich darin eingefunden hat. Von keinem kann sie ihm mehr genommen werden. Geht auch alles unter, die sinnlos scheinende Qual hat Bestand, und sie zieht gerade daraus ihren Sinn. Doch Chronos, die vergehende und immer zu einem Ende hin eilende Zeit, kennt keine Ewigkeit. Sie stellt in den traurigen Augen der Immanenz alles unter die Todesverfallenheit. Wo das Irdische als alleiniger Ausgangspunkt und Endpunkt zugleich gesehen wird, muss jede Zuversicht in Verzweiflung enden oder sich damit bescheiden, dass es selbst auch vergänglich ist. Geschichte bewegt sich dann lediglich noch zwischen früher oder später. Nur dazwischen auch kann Hoffnung sich positionieren. Dieser Lebensstrecke ist oft kein langes Maß beschieden. Und in ihr erstickt nur zu oft der verbleibende freie Atem in der Behauptung eines geschichtlich vorgegebenen Sinns. Er nimmt dem Gegenwärtigkeiten sein Recht und seine Einzigartigkeit und reißt der Zukunft damit gleichsam die Wurzeln aus.

Das Wesen der Chronos-Zeit ist unerbittlich; sie kennt kein Besonderes, nur den unermüdlich voraneilenden Zeiger der Uhr, der den Sinn der Sekunde darin bestehen lässt, von der ihr folgenden abgelöst zu werden. Synchron zu der Vorwärtsbewegung dieses Zeigers schließt sich das Fenster dessen, was möglich ist, und wird das Noch-Nicht zur reinen Illusion. Die zeitbedingte Endlichkeit des Gegenwärtigen verhält in einer immer unvollkommenen Verwirklichung. Sie beschränkt Weisheit auf das Erkennen der Differenz von Potentialität und Aktualität als schmerzhaft und vor allem unheilbar.

Gleichwohl liegt in der Wahrnehmung dieser Differenz auch die Erfahrung des Gelingens, ja vielleicht sogar die Augenblicksgewissheit einer Vollendung ... der Klang einer Musik, die mich verzaubert; die Augen des Kindes, die eine Geschichte erzählen von Liebe und Vertrauen; die orangefarbene Sonne, die sich anschickt, im Meer zu versinken, und um dich herum nur Stille und der Ruf einer Möwe; der gemeinsame Moment, in dem die Liebe von Frau und Mann einen Gipfelpunkt erlebt... Jetzt, in diesem Moment scheint alles durch. Und während ich dieses bedenke, erkenne, erahne, ist es schon wieder vergangen, zur Erinnerung mutiert. So wird alles sich Vollendende im Moment seiner Erhabenheit zum Verschwindenden. Es taucht, wie Karl Jaspers es formuliert, „in die Nacht, die es begründete." (1956, S. 120) Und von dort hören wir dann den Ruf nach dem ganz anderen, nach dem Licht, das die Mächte des Gegenwärtigen überstrahlt.

Die bürgerliche Gesellschaft kann es sich zurechnen, dass sie den an sich immer vorhandenen Unendlichkeitsdrang des Menschen und sein Streben zum Licht in einen unendlichen Kampf für die Kräfte und Mächte des Endlichen umgeformt und eingebunden hat.

Diene zunächst immer dem, was die Koordinaten des Seins auf der Erde aufrechterhält und was dich und die anderen ernährt!

Dieser Dienst hat seine Wahrheit, nämlich die, dass wir uns unserem Leben an unserem Platz in der Welt stellen müssen. Er wird dämonisch an dem Punkt, wo die mit ihm einhergehende, totalitäre Umklammerung der Zeit auch die Seelen der Menschen vereinnahmt und wo er ihre edelsten Kräfte als Wettbewerb, Konkurrenz und Effizienz vernutzt. Eine angenehme Gestaltung des Lebens lauert als Versprechen dahinter, das Faszinosum, die Ursehnsucht nach dem Unbedingten im Bedingten und im Ding schon zu befriedigen. So wird dem Endlichen alles geopfert. Und der Zeiger der Uhr wird zum Kompass; er hält in der Norm. Er mindert den Menschen in nahezu allen Möglichkeiten, die unerweckt in ihm ruhen – als Erkennen, als Wachsen, als Vertrauen, als Hingabe, als Liebe. Zumeist unhinterfragte Routinen und Gewohnheiten bestimmen nun den Alltag. Nicht selten führen sie in eine Spirale, in der der Einzelne sich selbst immer ähnlicher wird, sich mehr und mehr dem angleicht, was er sich als Orientierungs- und Verhaltensrahmen gezimmert hat. Mit diesem Rahmen verbindet er die Hoffnung, nicht die Kontrolle über seine Existenz zu verlieren. In ihm allerdings kann er sich nicht frei bewegen. Er wird kurzsichtig, verhärtet und versteinert schließlich. Er verliert sich selbst in einem Strudel

Zerbrochene Erwartungen – Das Scheitern

der Bewusstlosigkeit und begeht seelischen Selbstmord durch Selbstangleichung. Der biologische Tod als die schlussendliche Kollision mit der Vergänglichkeit konfrontiert dann irgendwann ultimativ mit der Vergeblichkeit aller Absicherung im Korsett des Systems. Sein Schrecken und sein Stachel bestehen darin, dass das, was ich jetzt verliere, nicht mehr ersetzbar und nicht neu zu erwerben ist. Alle in vielen Jahren eingeübten Selbstverständlichkeiten haben ihren Endpunkt erreicht, nicht als Vollendung, sondern als Abbruch, nicht als Erlösung, sondern als die Vernichtung des mühsam aufrechterhaltenen „Sinns".

Endpunkt des Scheiterns – die Verzweiflung

Die in unsere Lebenswelt als ultima ratio hineingezimmerten Rahmen der Orientierung und des Verhaltens verführen zu einem Existenzbewusstsein, das sich in sich selbst erschöpft. Gipfelpunkte bieten dann nur noch die Sinnplacebos einer Gegenwärtigkeitskultur in Form von Ablenkung, von Geld und Geltung, von Macht und Genuss und Lust als Konsum. Wer hier der Täuschung erliegt, die Anhäufung und sich steigernde Wiederholung führe näher an die Erfüllung oder Stillung des Bedürfnisses, dessen Füße bewegen sich bereits auf dem Weg, den er zu meiden trachtet, dem Weg der Verzweiflung. Kein schrecklicheres Aufwachen als das, welches der Praxis suchthaft selbstbezogener Selbsterhöhung und Selbstbewahrung folgt. Sie zieht ihren Antrieb nicht nur aus Entwicklungsblockaden des Subjekts, sondern vor allem auch aus den Seinsvorgaben von Gesellschaften, Kulturen und Generationen, die als Nährboden für solche Blockaden dienen. Bereits der dänische Religionsphilosoph und Vorläufer des modernen Existentialismus, Sören Kierkegaard, erkannte dies als wesenhaftes Kennzeichen seiner Zeit, weshalb das 19. Jahrhundert, in dem er lebte, für ihn das Zeitalter universeller Verzweiflung war (vgl. Kierkegaard 1988; vgl. Decher 2002, S. 7 ff.). Wie viel mehr noch mag dies für die Gegenwart gelten – in ihren Erscheinungsformen der „Erlebnisgesellschaft", der „Spaßgesellschaft" und der multimedialen Informationsgesellschaft (vgl. Eurich 1998), in denen das Menschliche so leicht gefriert und die Seelen so schnell veröden.

Wie das Scheitern gehört die Verzweiflung zum menschlichen Sein als Grundmöglichkeit, die jederzeit auf uns zutreten kann. Und wohl jedem Menschen ist sie in einer ihrer vielfältigen Erscheinungsformen schon begegnet – und sei es nur als ihr Erahnen. Sie mag in bestimmten Kulturen einen besseren, in anderen einen unergiebigeren Nährboden finden, doch immer gehört sie zum Spiel des Lebens. Die Verzweiflung übersteigt in ihrer Zertrümmerung von Lebensentwürfen jedes Scheitern und jede in Handlungsunfähigkeit haltende Ohnmacht. Wo sie auftritt, bricht nicht nur eine Kulisse zusammen, sondern stürzt das ganze Gemüt eines Menschen ins tiefe Dunkle. Manche sprechen von der Verzweiflung als Krankheit. Doch sie ist noch mehr. Verzweiflung erschüttert den Menschen in seinem innersten Kern, seinen intimsten Stellen, seinen heiligsten Räumen. Wenn uns etwas existentiell ergreift oder besser in einer als unendlich gedehnt empfundenen Zeit angreift, dann sie.

Der verzweifelte Mensch lebt als Gefangener des Denkens und der Gefühle, eingekapselt in ein zur Außenwelt hin weitgehend immunisiertes Selbstbild, dem die Spiegelungen und die Selbstdistanz fehlen. Schwachheit, das Scheitern an seinen Projektionen und die Auflösung von Erhofftem haben ihn an einen Punkt gezogen, von dem man sagen kann: „Verzweifelt nicht man selbst sein wollen. Mit anderen Worten: Das Selbst will sich nicht zu sich selbst bekennen, nachdem es so schwach gewesen ist; es will nichts von sich selbst hören, nichts von sich selbst wissen." (Decher 2002, S. 28)

Der Verzweifelte bleibt sich selbst fremd, und damit bleibt ihm auch seine Mitwelt fremd. Beide kann er nicht mehr wirklich erkennen. Und so hat er sich schließlich verloren im Zwischenraum des Nirgendwo. Alle Restenergie richtet sich von dort aus gegen das Unerkannte und Bedrohende; als Selbsthass und als in sich gekehrte Anklage gegen das „Außen". Josef Pieper spricht in Anlehnung an Thomas von Aquin hinsichtlich der Verzweiflung von einer Seinsverfassung der Verdammten, in der sie ihre Verdammung selbstverschuldet vorwegnehmen (Vgl. Pieper 1935, S. 53). Doch der Blick auf Verzweifelte sollte berücksichtigen, dass ihr Zustand keiner Entscheidung entspricht. Diese wurde zu einem früheren Zeitpunkt bereits verpasst: im Selbstentwurf, im Sichöffnen und Offenhalten, in der Veränderungsbereitschaft, vor allem aber in der Frage der Positionierung zwischen mir, dem Du der sozialen Mitwelt, dem Du der natürlichen Umwelt und dem göttlichen Du. Gewiss, der in Verzweiflung Lebende und Leidende hat sich irgendwann verzweifelt und erfolgreich dagegen gewehrt, er selbst zu werden und zu sein. Und so betrachtet erntet er, was er selbst gesät hat. Statt allerdings von einer Seinsweise der Verdammnis zu sprechen und damit von Sünde, sollte zumindest die Frage offengehalten werden, ob auch die Wahlen, die er an den Weggabelungen des Lebens hatte, wirklich freie waren.

In dem Verzweifelten lebt kein positives Selbstwertgefühl, er wird lebensuntauglich. Zutrauen in sich und in die Welt scheint nicht einmal denkbar. Selbst die an sich nie unterzukriegende Hoffnung weicht der Hoffnungslosigkeit. So können Möglichkeiten denn auch nicht als solche erkannt werden bzw. sie werden umgangen in der Erwartung eines unvermeidbaren Scheiterns und der Angst davor. Es ist jene Angst, „die sich für das Letzte hält, aus der kein Weg mehr ist." (Jaspers 1956, S. 234)

Das wirklich Teuflische an der Verzweiflung besteht darin, sich selbst zu nähren und sich als Aussichtslosigkeit und Ausweglosigkeit am Leben zu halten; als ein lähmender Sog, als die Vorwegnahme von Nicht-Erfüllung, als Untergangsgewissheit. In der Verzweiflung sterben jegliche positive Erwartungen ab, ja, Erwartungen scheinen wie aufgehoben im permanenten Angesicht des Entsetzens. Es lässt nicht einmal mehr Raum für Emotionen, die mit Unterscheidungen konfrontieren könnten und mit Differenzerfahrung. Die Verzweiflung lähmt das Bewusstsein, und sie verklebt das Unbewusste. Aus ihm kann keine Ahnung des Paradieses oder wenigstens seines Vorraums mehr auftauchen. Nagen Zweifel nur gedankenhaft am Menschen, betrifft die Verzweiflung die Person als Ganzes. Die Stimmen, die ich jetzt noch hören kann, sind die meines eigenen Nichts.

Verzweiflung tritt nicht in die Existenz eines Menschen als Gegner oder Gegenkraft, der gegenüber ich mich angemessen positionieren könnte. Sie tritt auf als unvorhersehbare Übermacht, die uns schicksalhaft überkommt. Die Zeit, die sie den Betroffenen in ihrer Umklammerung hält, mag vorübergehend sein, eine Betäubung des Lebens, aus der Erwachen möglich ist. Die Frage bleibt, wie das Aufwachen geschieht und mit welcher Konsequenz. Wahre Verzweiflung als Betroffensein von den dunklen Feldkräften der Schöpfung kann aus dem Endlichen heraus mit Endlichem nicht geheilt werden, auch wenn sich endliche „Auswege" anbieten – auf Kosten der Seelentiefe, ja der Seele selbst. Der Preis dafür heißt finale Verhärtung. In den Worten Sören Kierkegaards: „Dann hat er sich verschlossen, dann ist seine vernünftige Seele erstickt und er ist in ein Raubtier verwandelt, das kein Mittel scheuen wird, da ihm alles Notwehr ist." (1988, S. 781)

Die Auslöser, die in Verzweiflung führen können, werden für einzelne Menschen unterschiedlich sein. Der Verlust eines Kindes, das Zerbrechen einer Ehe und des familiären Rahmens, sich wiederholendes berufliches Scheitern mit der Folge des Entzugs der ökonomischen Lebensbasis, peinigende Krankheiten, deren Schmerzen alle Schönheiten des Lebens überdecken – das sind Beispiele. Und oft fallen diese Anlässe zusammen bzw. sie gehen in einer Art Kettenreaktion auseinander hervor.

Wer mit der Verzweiflung einmal in direkte Berührung kam, dem bleibt sie eine immerwährende Wahrscheinlichkeit. Die Tiefe des Abgrunds, in den ich blickte, gehört von jetzt an zur Wirklichkeit, zu einer Landschaft in der Topographie meines Lebens. Leicht können sich die Schritte dorthin verirren, denn kein Zaun warnt vor dem Übergang.

Fluchtwege

Sehnsucht als Sucht

Im Sehnsuchtsdrang greifen wir über uns hinaus. Wir strecken uns über unsere Selbstbegrenzungen in der Suche nach dem, was uns übersteigt. Nur von dorther erhalten wir einen Maßstab für unser Sosein, der in anderen Koordinaten misst als denen, die wir uns selber zugewiesen haben. Die wahre Menschheitsfülle und Menschheitstiefe entsteht durch Hingabe an das Größere, durch die dauerhafte Suche nach dem Höheren. Das Leben in der Sehnsucht macht den Menschen zu dem, was er noch werden kann. Es schenkt ihm die Identität, wachsen zu können. Fehlt diese innere Erfahrungsgewissheit, droht die Erstarrung zum Ding unter Dingen, die Verstrickung in Sinnlosigkeit.

In der Sehnsucht brechen wir mit dem Zustand, von unserer wahren Tiefe tragisch entfremdet zu sein, erschließen wir unsere reichste Quelle, die Unendlichkeitsdynamik. Es ist dies ein Forschen nach dem Urerlebnis hinter allen Erlebnissen; du bist angezogen, die widersprüchliche Vielheit in der erfüllten Einheit zu überwinden. Mag sein, dass dahinter die unbewusste Ahnung und Erinnerung an den Ausgangspunkt allen Seins vor der Trennung steht und das Streben nach Wiedervereinigung. So verstanden, erwächst Sehnsucht aus einer Defiziterfahrung, aus einem Erahnen des Mangels oder auch aus dem genauen Wissen darum. Zugleich steht hinter ihr die Wahrnehmung unserer Begrenztheit und der existentiellen Unsicherheit hinsichtlich aller Lebensbewegungen. Doch das aus der Sehnsucht erwachsende Streben und die damit verbundene Suche haben Stufungen. Sie reichen von der als Gottergriffenheit sich offenbarenden heiligen Sehnsucht (Augustinus) über die Sehnsucht nach dem Du als meiner verlorenen Zwillingsseele bis hin zu der verdinglichten Ausbeutung im reinen Habenwollen. Auf all diesen Ebenen kennt sie kein Maß, sind ihr Grenzen nicht wirklich vorstellbar und vor allem nicht auferlegbar. Das erklärt die Unruhe, die ihr eigen ist. Das Verlangen nach dem, das über das Bekannte und Erreichte hinausweist, der Versuch, das Entsetzen zu überwinden, dass die Dinge bleiben könnten, wie sie sind, verlöschen nicht. Solange es eine Erkenntnisdifferenz zwischen Erahntem/Erhofftem und dem Erreichten gibt, so lange behält der Sehnsüchtige Durst. Wer die Sehnsucht verstehen will, sollte erkennen, dass dieser Durst jenseits rationaler Annäherungen liegt. Auch in seinen niedersten und profansten Formen hat er einen metaphysischen Hintergrund und entzieht sich somit dem Diskurs. Das Verlangen selbst ist das Ziel, über alle Endlichkeitsziele hinaus. Sehnsüchtig sein meint, sich nach dem Sehnen zu sehnen. Es geht hier um eine andere Weise von Wirklichkeit. Diese Wirklichkeit lebt in einem konstruierten Raum, in dem eine auch eigene Zeitlichkeit herrscht. Sie hebt die Koordinaten von Vergangenheit, Gegenwart und Zukunft auf. Die einzige Aussage, die eine Zeitbestimmung zulässt, würde umschreiben, dass der Sehnsüchtige überall sein kann, aber nie in der unmittelbaren Gegenwart. Seine Träume ziehen ihn als Erinnerung zurück oder als hoffende Erwartung voraus. Das Glück winkt immer von dort, wo er nicht ist. Und wirklich hier, hier und jetzt, ist er nie.

Die industrielle Haben-Gesellschaft hat auf ihre Weise Antworten auf den metaphysischen Sehnsuchtsdurst entwickelt.

Mit greifbaren Dingen soll sich der Gejagte und Jagende stillen. Die Ursprungskraft der Sehnsucht wurde so umgelenkt in das Fahrwasser der sekundären Sehnsucht, übertragen auf Dinge, die in ihrer Erscheinung vorgeben, für das Ursprüngliche zu stehen. Wo kein Sinn mehr erkannt wird und die großen Ideale an der Ohnmacht zerbrechen und ins Scheitern führen, versprechen Produkte Erlösung. Automobile stehen für Freiheit, Mode und Kosmetika für Schönheit, Pharmaprodukte offerieren Gesundheit, Körperpflegemittel erfüllte Partnerbeziehungen, ja Liebe. Waren suggerieren die Verfügungsmacht über Raum und Zeit, über Natur und Kreatur, Affekt und Gefühl. Kontinuierliche Neuerungen und Erneuerungskäufe sichern den „Ewigkeits"-Charakter dessen, was die Ware an Sehnsuchtswert verspricht. Waren – das meint hier neben den Dingen an sich auch die medialen Angebote, die Kopf, Herz und Gefühl berührenden Produkte der Bewusstseinsindustrie.

Es ist den Sehnsuchtsprodukten eigen, dass sie die Nachfrage nach sich selber fördern. Sie locken immer neue Wünsche hervor, offerieren ständig neue Möglichkeiten. So wie der Mensch, der sich ganz an die Unendlichkeit verliert, läuft auch der in Produkten seine Identität Suchende immer weiter von sich selbst davon. Auf der Suche nach Erfüllung unmittelbar, nach Freiheit, Glück, Geborgenheit und Liebe im Gegenständlichen, erwarten ihn nach dem kurzen Moment des Zugreifens nur wieder Leere und Trostlosigkeit. Doch Leere kann er nicht ertragen. Sie erinnert an seine Ohnmachtsgefühle und an das Scheitern der Träume von einem gelingenden Leben. Hörig geworden, greift er immer weiter zu, flieht in ausgerechnet das hinein, was sein Fliehen mit begründete. Er lebt nun in einem Labyrinth. Und wer sucht da schon nach einem Ausweg, wenn es zum vertrauten Lebensumfeld wurde. Umfangen und umstellt von den Gütern der Erde verblasst sein innerer Glanz, der vom Göttlichen kündet.

Die verdinglichte Sehnsucht hat alle Wesensmerkmale einer selbstzerstörerischen Sucht. Als gleichsam kollektive Antwort in einer zunehmend sich von sich selbst entfremdenden Kultur zeigt sie sich als neues Kleid einer alten Krankheit, die im Mittelalter den Namen Acedia trug. Erscheint diese in ihrer modernen Variante zuweilen auch äußerst geschäftig, hektisch und voller Unruhe, unterscheidet sie sich im Wesen doch nicht von ihrem mittelalterlichen Vorbild. Noch immer beruht sie auf einer im Letzten selbstverschuldeten Unkenntnis und Trägheit zur Reflexion, wuchert sie auf dem Humus von Selbstblockade und Uneinsichtigkeit. Sie ist die Rückseite der göttlichen Freiheit, der tote Raum hinter der verpassten Weggabelung, ein dämonisches Siegeszeichen der Verblendung und der Ausbeutung tiefster menschlicher Sehnsüchte.

Der Geist von Schwermut umfangen – Die Melancholie

Auf den Irrwegen der Sehnsucht wandelt der Mensch nicht gelassen suchend. Unruhig hastet er von Irrlicht zu Irrlicht, erschöpft er sich ganz in einem Kreislauf des Getriebenseins. Diese Sehnsucht als Sucht aber lebt nicht als einziges Kind der Lebensflucht; sie hat eine Zwillingsschwester, die Melancholie, auch die Dunkle genannt. Beide existieren als Abwendung von der Realität. Beide erscheinen selbstbezüglich bis hin zu autistischen Begleiterscheinungen, und beide geben sich, ja ergeben sich als passiv ausgelieferte Subjekte (Vgl. Häfner 1993, S. 100 ff.). Die Sehnsucht und die Melancholie lassen das Individuum außer sich leben, lassen es auf sich selbst bezogen und sich doch zugleich abwesend sein. Außer sich leben heißt immer auch, nicht in der Zeit, nicht gegenwärtig zu leben. Das Zeitbewusstsein ist zutiefst gestört.

Doch während die Sehnsucht jagt und den Blick eher nach vorne auf die erhoffte Erfüllung richtet, süchtig an der Suche wird, verhält die Melancholie im Blick auf das Vergehende. Darin liegt ihre ganze Sensibilität. Grüblerisch erfährt sie das Dasein als geschichtlich, legt sie die ihr zugängliche Historie frei. Wehmütig streift der Blick zurück in das Gegangene und das Verlorene, hält sich dort auf, lebt sich dort ein und verliert sich dort. Vom Standpunkt der Melancholie wird nun auch das Mögliche, bevor es eine Chance hatte, ins Leben zu treten, bereits wieder zu Gehendem und zu Verlorenem. Alles Zukünftige wird aus der Erfahrung des Vergehens und des Verlusts betrachtet. Dieser Blick nimmt der Potentialität jegliche Kraft.

Der melancholische Mensch fühlt sich immer einsam. Das meint etwas grundsätzlich anderes, als alleine zu sein, alleine gar als all-ein verstanden. Allein kann nur sein, wer Körper, Herz, Seele und Geist integriert hat. Alleinsein in diesem Sinne beruht nicht auf Trennung. Aber die Einsamkeit erwächst aus der Empfindung von Trennung. Das, was kopfgesteuert und in unserer Empfindung trennt, macht einsam (Vgl. Krishnamurti 2000, S. 69 f.).

In der Einsamkeit fühlen wir uns isoliert. Nichts wird als wirklich beständig erlebt, auf keiner Beziehung ruht bedingungsloses Vertrauen. Du kannst mit den liebsten Menschen zusammen sein, und plötzlich überfällt dich dieses Gefühl der abgrundtiefen Verlassenheit, eines existentiellen Mangels, einer metaphysischen Leere. Dieses Verlassenheitsgefühl ist eine Kopfgeburt und zugleich doch immer mehr. Sonst könnte sie diese Tiefe, diese unendliche dunkle Tiefe, die nur schmerzt, nicht in sich tragen. Das Verlassenheitsgefühl erfordert Gelassenheit und Größe von denen, die den melancholischen Menschen umgeben und die ihm nahe sind. Es kann im Moment des Durchbruchs nur durch Nähe geheilt werden. Auf der Ebene der Gedanken ist ihm nicht beizukommen, nur auf den Ebenen der Augen und der Sinne und der Sinnlichkeit. Aber, so fragt der melancholische Geist sofort, seid ihr nicht die Waffen der Vergänglichkeit?

Die Einsamkeits- und Isolationsgefühle lassen verstummen. So wie Einsamkeit und Alleinsein sich unterscheiden, so auch das Verstummen und das Schweigen. Im Schweigen kann unendliche Fülle ruhen; das Schweigen kann ich teilen und in ihm mich mit dem Du zu einem finden. Schweigen aus Liebe, in Liebe, aus Ehrfurcht, aus Respekt oder angesichts der Unmöglichkeit, alles in Worten auszudrücken, … dieses Schweigen gibt und trägt. Anders das Verstummen. Es entzieht, verstört und zerstört. In der Liebe zerbricht das Verstummen den Diskurs, aus dem alles entstand. Genau wie das leere Geschwätz, das der potentiellen Größe einer Beziehung die Ermöglichung versagt, versagt das Verstummen dem Du die Bestätigung, verweigert es Begründungen, reißt es aus der Nähe, die allein das so zarte und fragile Wesen einer intimen Beziehung schützen kann. Oft jedoch wird in dem Vorwurf an das verstummende Gegenüber übersehen, wie tief dieses sich selbst dadurch verwundet. Denn selten liegt dem Versiegen der Worte ein Wollen zugrunde oder gar eine bewusste Kränkung. Ohne Vorwarnung steigt es von unten in dir auf, einengend, nimmt den Atem. Es breitet sich ganz in dir aus, dringt in jede Faser, lässt sich nicht berühren, bis du es ganz bist: verstummt und erstarrt. Die Gedanken registrieren diesen Vorgang, als wäre das Ich ein Fremder, nehmen mit Entsetzen die Reaktionen des Gegenübers, das nicht weiß, wie ihm geschieht, zur Kenntnis. Und sie sind im Moment doch hilflos gegenüber der Macht dieser scheinbar grundlosen Traurigkeit.

Die Sprachlosigkeit des melancholischen Menschen fühlt sich an wie ein dunkles Feld, das über eine eigentümliche Schwerkraft verfügt. Sie zieht ihn in ein Nichts, das keine Farbe hat und keine Ästhetik, das grau wirkt, ja schmutzig. Dieses Feld kann in seiner Gestalt nicht nur aus ihm selber kommen, da sind andere Kräfte schon noch mit im Spiel. Deshalb auch muss jede Therapie, die jene Kräfte nicht kennt oder zumindest als potentielle mit einbezieht, scheitern. Helfen, wirklich helfen kann auch in diesem Fall wohl nur das, was er selber im Moment zu zeigen nicht in der Lage ist – Liebe. Ob sie aber heilen kann, das bestimmt allein ihre Größe, die sich in Geduld, Klarheit und Hingabebereitschaft zeigt.

Ja, man nennt sie die Dunkle, die Melancholie. Sie erfüllt manche Menschen. Und sie hat, wie im Verstummen, tragische Seiten. Doch wir sollten auch erkennen, dass nur, wer das Dunkle kennt, es kennt aus eigener Erfahrung und Empfindung, ihm die Stirne bieten kann. Dieses Dunkle gehört zur Schöpfung wie das Licht. Nur mit den Waffen des Lichts kann es deshalb nicht bekämpft werden. Es ist nicht zu besiegen, aber zu integrieren. Bezogen auf die Erkenntnis des Ganzen, auch der Räume hinter dem Sichtbaren, lebt der melancholische Mensch durchaus in einer Seinsweise der Gnade. Sein trauriger Blick durchwandert alle Gegenwärtigkeiten und erkennt im Vorübergehen deren Sein als Selbst-Vorübergehendes. Wogegen sollte er aus Überzeugung protestieren, welche

Ansprüche ernsthaft erheben? Vor diesem Blick relativiert sich jede Daseinsperspektive. Und neben die Ansicht der sinnlich sichtbaren Wirklichkeit treten als Verlockung und als unausgesprochenes Versprechen das Reich der Träume und die Anderwelt transzendenter Erfahrung. Melancholie und Philosophie – sie können nicht wirklich ohne einander sein.

Vor der Schärfe des analytischen und des anschauenden Geistes zerbricht jede Konstruktion und verwelkt jeder Schein. Je ganzheitlicher der Intellekt, je mehr in ihm also Verstand, sinnliche Erfahrung, Vernunft und (heilige) Weisheit integriert sind, desto grundsätzlicher geraten die Anfragen, selbst an das eigene Sein. Diesem Einatem der Erkenntnis folgt in der Wahrnehmungshaltung der Melancholie als Ausatem das Leiden daran, das Leiden an der letztlichen Rätselhaftigkeit von allem, ausnahmslos allem. Vielleicht ließe sich sogar behaupten, dass die in Erkenntnis begründete Melancholie die Folge eben jenes Erkenntnisdranges ist. Jenes Dranges, der, zur Unendlichkeit gezogen, an seine Grenzen gerät; an Grenzen des Denkens, aber eben auch an psychische und affektive Grenzen, was den Umgang mit solcher Unzulänglichkeit betrifft. Der Geist der Aufklärung mündet in dieser Sicht in Depression ob seiner eigenen Ohnmacht. Und wann hätte der Geist der Aufklärung je über Demut und Gelassenheit gegenüber der Unmöglichkeit, dem Universum alle Geheimnisse entreißen zu können, verfügt?

Verliert der Melancholiker im Blick auf das Sein die Fähigkeit zur Selbstreflexion, steht er am Übergang zur depressiven Erkrankung. Dann kann sein Geist außer Kontrolle geraten, dann verliert er den Bezug zu sich, zur Um- und Mitwelt, zum Leben. Selbst zu Gefühlen ist er nicht mehr fähig, steht gleichsam unbeteiligt neben sich und seinen Wahrnehmungen (vgl. Heidbrink 1994, S. 45 f.). Doch auch wenn Melancholie und Depression nahe beieinander liegen und sie in der Literatur gelegentlich synonym verwendet werden, was von der Deutung her bis in die Antike zurückreicht, sollten wir zwischen beiden unterscheiden. Die Melancholie ist keine Krankheit, sondern eine Empfindung und eine Haltung dem Sein gegenüber. Und bei allem Dunkel, allem Traurigsein und allem Sich-entmächtigt-Fühlen – wir verdanken ihr selbst da, wo sie sich dem Weltlauf verweigert und in die seinsgegebene Ohnmacht schickt, mit die tiefsten Erkenntnisse eben über jenes Sein, an dem sie zu verzweifeln droht.

Freiheit auch zum Tode hin?
Der Selbstmord

Als das einzig wirklich ernste philosophische Problem sieht Albert Camus den Selbstmord. „Die Entscheidung, ob das Leben sich lohne oder nicht, beantwortet die Grundfrage der Philosophie. Alles andere ... kommt erst später." (1998/1959, S. 10)

Gewiss, wenn der Sinn des Lebens sich immer bloß aus dem momenthaft Zugänglichen ergibt und jede Transzendenz als Täuschung verworfen wird, bedarf diese Einschätzung keiner weiteren Kommentierung. Sie kommt aus dem Endlichen und verbleibt in ihm. So, wie der den Freitod wählende Mensch, von der Wucht des Scheiterns und des Leidens im Hier und Jetzt überwältigt, keine Sinne mehr öffnen kann, die einen Sinn erschlössen durch alle Katastrophen hindurch. Dann kann es wohl Begegnungen geben mit dem, was man das Leben nennt, die nicht zu überleben möglich scheinen. Weil nichts sichtbar ist, was ihnen noch folgen könnte, woran ein Gedanke, an den sich zu halten lohnte, überhaupt noch zu denken wäre. Scheitern wird dann nicht zur Empfindung eines Zerbrechens, eines Versagens oder einer noch so tief empfundenen Ohnmacht; nein, es konfrontiert unausweichlich mit der Unmöglichkeit, zu leben – weil das Leben sich selbst nicht mehr gerecht werden kann. Es zu verlassen, aus diesem unwiederbringbar zerstörten Entwurf eines Seins zu gehen, hat dann etwas von Befreiung, von abgestreifter lähmender und klebender Schwere, von Auszug aus einem Haus, das dir nicht nur nicht mehr Heimat, sondern vielmehr Ort der Verzweiflung und des Horrors wurde. Anders gesagt: Was bleibt, wenn dir alles genommen scheint, oder besser das, was alles für dich ist oder war. Was bleibt, wenn Leben sich im Rest des zugänglichen Bewusstseins auf biologische Funktionen reduziert sieht und die Kraft und die Demut fehlen, sich zu fügen und den schwächer werdenden Atem zu richten auf die Erwartung des Unerwartbaren? Was bleibt, wenn die Passion nicht in eine „Passion für das Absurde" (Cioran 1989, S. 15) zu transformieren ist?

In der Antike genoss der Selbstmord ein durchaus hohes Ansehen. Als die letzte verbliebene Freiheit bewahrte er vor der Demütigung durch Versklavung, Folter, Vergewaltigung oder auch der Hinrichtung. Nicht zuletzt Sokrates in seiner überzeitlichen Größe steht dafür. Und die frühe Christenheit im noch heidnischen Rom wurde berühmt für den durch sie praktizierten fließenden Übergang zwischen Glaubenstod und Freitod, indem ihre Anhänger den Märtyrertod oft geradezu provozierten. Doch kann man dieses klar umrissene Verständnis, in dem es um die Beziehung des einzelnen Menschen zu einem gewalthaften System ging und um die Bewahrung einer letzten Selbstbestimmung und Würde, mit dem Selbstmord aus Verzweiflung überhaupt vergleichen?

Ein Mann hat bei einem Verkehrsunfall mit dem Wagen, den er selber steuerte, seine Frau und die beiden kleinen

Kinder verloren; zu der Einsamkeit einer greisen Frau, im Ghetto eines großstädtischen Wohnsilos, tritt nun auch noch die unheilbare Krankheit, die die verbliebene körperliche Bewegungsfreiheit nimmt; die Schmach und die Scham des missbrauchten Kindes drängt nach Jahren der Verdrängung unausweichlich an die Oberfläche, beherrscht Träume und Gedanken, lässt bei jeder Berührung erschauern und jede beginnende Beziehung im Keim ersterben; nach der Rückkehr von den Schlachtstätten eines Korea, eines Vietnam, eines Irak holen den jungen Soldaten Schritt um Schritt die Gräuel ein, derer er teilhaftig wurde, ja, die er vielleicht selbst mit verantwortete. In der Blindheit und dem Rausch des Kampfes begangen liegt nun der Blick gestochen scharf frei auf die Abgründe des Seelenhaften, und die Erkenntnis wird unausweichlich, dass sie zum eigenen Leben gehören. Jede Integration in jede Form von Beziehung und Gemeinschaft scheitert von nun an der Abscheu und dem Grauen vor sich selbst: Ein Mann, serbischer Partisan unter Tito, wird von kroatischen Faschisten ermordet. Sein Name: Mladic. Sein Sohn, Serbengeneral, nimmt ein halbes Jahrhundert später fürchterliche Rache an Kroaten. Dessen Tochter begeht im Angesicht der Taten ihres Vaters, des „Schlächters vom Balkan", im Alter von 23 Jahren Selbstmord; es ist die erste große Liebe, sie bindet alle Energie, alle … das Herz brennt, jede Faser der Existenz ist ausgerichtet auf das geliebte, verehrte und gottgleich überhöhte Du. Und dann geht es, verlässt dich, geht einfach fort aus deinem Leben, als wäre nichts gewesen. Das Herz bricht.

In der Altersgruppe zwischen zehn und fünfundzwanzig Jahren gilt der Freitod als die zweithäufigste Todesursache. Insgesamt suchen ihn 12 000 Menschen pro Jahr in Deutschland; das sind mehr als die Toten im Verkehr.

Was „alles" für einen Menschen ist, was in der Lage ist, ihn im Wesensgrunde zu erschüttern und zu zertrümmern – diese Frage findet in jedem Menschen eine andere Antwort. Und sie stellt sich in jeder Kultur in anderer Weise.

„Traurige Berühmtheit erlangte der kollektive Selbstmord von drei Managern kleinerer Produktions- und Vertriebsfirmen für Autoteile, die von den Banken keine Darlehen mehr erhielten. Sie schlossen einen Suizid-Pakt und erhängten sich gleichzeitig in verschiedenen Zimmern eines Hotels in dem Tokioter Vorort Kunitatchi. Ihrem Beispiel folgten Hunderte Eigentümer klein- und mittelständischer Unternehmen, die den einzigen Ausweg aus der Misere im Selbstmord sahen..." (Frankfurter Rundschau v. 11. 12. 2000)

Die japanische Wirtschaftskrise Ende der neunziger Jahre des vergangenen Jahrhunderts führte zu einem brutalen Wandel der Arbeitswelt. Was bis dahin selbstverständlich war und bei Missachtung mit gesellschaftlicher Verachtung bestraft wurde, nämlich, in seinem Berufsleben einer Firma treu zu bleiben, galt auf einmal nicht mehr. Massenkündigungen ließen die Selbstmordrate drastisch ansteigen. 33 000 Selbsttötungen von April 1999 bis März 2000 registrierte die japanische Polizei. Wirtschaftliche Krise, der Verlust des als lebensnotwendig angesehenen sozialen Status und die damit verbundene Schmach sowie ausgeprägte kulturelle Suizid-Traditionen (Harakiri /Seppuku) verschmolzen zu einem tragischen und tödlichen Cocktail.

Die Selbsttötung aus tiefer Verzweiflung über das eigene Dasein, das Gehen also, das nicht einem singulären Scheitern oder Versagen entspringt, sondern der empfundenen Einsicht in das zunächst Unterhöhltwerden und dann Wegbrechen des Daseinsgrundes selbst, stellt die tiefste und wohl am meisten bewusste Form des Suizids dar. Nur sie, nicht die Kurzschlussreaktion, lohnt die weitere Erörterung. Respekt verdient die Entscheidung, den Raub aller Illusionen, das Versiegen allen Lichts, das Verstummen aller Gewissheiten, die vom Sinn des Seins künden, mit tödlichem Ernst zu beantworten. Zugleich aber tritt mit der Irreversibilität dieser Entscheidung auch das aus dem Sein, was die Entscheidung erst ermöglichte: die bewusste Freiheit des Menschen. Indem ich der Offenheit ihr Fundament entziehe, indem ich schließe, was dann nicht mehr zu öffnen ist, indem ich Fraglichkeit dadurch beseitige, dass ich die Frage selber negiere, überschreite ich die Grenze zum absoluten Nihilismus. Albert Camus insistiert an dieser Stelle auf der Offenhaltung „jener hoffnungsvollen Kluft zwischen der Frage des Menschen und dem Schweigen der Welt. Der Selbstmord käme der Schließung dieser Kluft gleich, und die absurde Überlegung ist der Ansicht, dem nur zustimmen zu können, wenn sie ihre eigenen Prämissen verleugnet … Um sagen zu können, dass das Leben absurd ist, muss das Bewusstsein Leben haben." (Camus 2001/1953, S. 12 f.)

So argumentiert der Philosoph. In sich schlüssig, geradezu erschreckend logisch an einer Stelle, wo es doch nicht um Logik geht, sondern Ertragen; geradezu ernüchternd sachlich, wo es doch nicht um eine Sache geht, sondern das Leben. Doch der von den meisten Philosophen wohl mitgetragene Versuch des französischen Existentialisten ist weit entfernt von einer Begründung, die die Empfindungstiefe und die in der existentiellsten Herausforderung des Menschen sich ergebende Konvergenz von Körper, Seele und Geist mit einbezieht. Diese Trinität in ihrer Gesamtheit ist im zum Tode hin Verzweifelten infiziert. Da kann kein Geist alleine, keine bloße Einsicht die Bresche zum Überleben schlagen. Jeden sich emanzipierenden Gedanken holte der Schmerz zurück, vorausgesetzt, er wäre zu denken gewesen in der verklebten Schwere eines traumatisierten Körpers und einer still blutenden Seele. „Das Bewusstsein muss Leben haben"…, sagt Camus. Aber muss man leben? Muss man, wie Carl Améry fragt, „da sein, nur weil man einmal ist?" (Améry 1976, S. 20)

In der Selbsttötung vollzieht sich final das Nein des Menschen zu sich selbst. Er entkommt sich, vollzieht aber genau dadurch die Versöhnung mit einem unversöhnten Sein. Er flieht vor sich, vollendet aber genau dadurch seine Negation. Dem entmächtigten Lebensentwurf setzt er die einzige und letzte Machterfahrung gegenüber, über die er noch verfügt. Über dem Leben, das so grausam Verrat an ihm geübt hat (Vgl. Cioran 1995, S. 205), erscheint die Größe des Todes. Sie kann vielleicht nur der erkennen, der das Leben einmal innig liebte und von ihm verstoßen wurde. Dem Ankommen in der unwiederbringlichen Abkehr kann somit das Heilwerden wohl nicht völlig abgesprochen werden.

In seinem Zarathustra appellierte Friedrich Nietzsche an die Menschen: „Stirb zur rechten Zeit!" Er, der wie kein anderer den freien Tod beschwor, „der mir kommt, weil ich es will", ausgerechnet ihm blieb er versagt. Er starb körperlich als Wrack; geistig umnachtet; entwürdigt vor der Größe seiner Selbstansprüche; entwürdigt auf eine Weise, die verstummen lässt. Denn für sie gibt es eben noch weitaus weniger als für den Freitod eine ernsthaft begründbare Rechtfertigung.

„Meine Seele ist so wund …, dass mir das Tageslicht weh tut." „Ich sterbe, weil mir auf Erden nichts zu lernen und zu erwerben noch übrig bleibt." „Die Wahrheit ist …, dass mir auf Erden nicht zu helfen war."

So Heinrich von Kleist vor seinem Freitod am 21. 11. 1811 in einem Abschiedsbrief an seine Schwester.

Dieser literarisch oft zitierte Freitod strahlt, ja strahlt eine sonderbare Erhabenheit aus. Sich aus durchlebter Empfindungstiefe und aus Einsicht in die Nichtigkeit der eigenen Existenz, nicht aber dem Sein an sich gegen das Leben zu entscheiden, verdient Respekt. Über diesen individuellen Akt steht der Gesellschaft kein richtendes Urteil zu. Und auch jede theologisch begründete Verleumdung tritt noch nach dem Tod genau in die Wunde, die mit in die Todessehnsucht führte – eine Wunde, gerissen aus fehlender bedingungsloser Liebe und bedingungsloser Annahme.

Nähme der seinen Erdenplatz Verlassende nur sich selber mit zu den Sternen, den Tod gleichsam als Raumschiff benutzend, wie Vincent van Gogh in einem seiner schönsten Briefe schrieb (Vgl. Arnold 1993,S. 302), dann bliebe wenig zu sagen. Doch jedes Ich hat auch ein Du, personal, kollektiv, als Gattung und als Leben im Leben der Schöpfungssymphonie. Wie oft hinterlässt die Selbsttötung unheilbare Wunden im Du: bei den Angehörigen, bei den still im Herzen Verbundenen, bei den fragenden Kindern; aber auch im Lebensfeld der Menschheitsfamilie selbst. Es gibt Geschichten, vor allem zwischen Eltern und ihren Kindern, da erweist sich der Selbstmord des einen als der schleichende Mord am anderen. Allein gelassen mit Fragen, quälenden Selbstvorwürfen, Schuld und Trauer zerbricht das auf der Erde verbleibende Du. So betrachtet gehört der Freitod noch einer Entwicklungsstufe der Menschheit an, die egozentriert ist, spätpubertär. Wo die über mich hinausweisenden Kontexte vielleicht erkannt, aber noch nicht empfunden werden. Wo ich als Teil des Lebensnetzes die wechselseitige und universale Verbundenheit allen Seins noch nicht spüre. Wo mein Denken und Fühlen nicht immer wieder ganz in Richtung des Lebens gezogen wird statt in die Richtung des Todes. Das Lebensorgan, das wir alle in uns tragen, muss einfach noch wachsen und Sensoren entwickeln, die unsere transpersonale, mit allem Leben verbundene Wesenheit gedanklich, emotional, seelisch und spirituell erfahrbar machen – in jeder Lebenssituation. Auch dann wird sich die Frage des Gehens immer wieder stellen, wenn ein Leben nicht mehr in Würde getragen werden kann. Aber sie stellt sich anders, sie ist eingebunden, und ich gehe eingebunden. Warum fällt es uns so schwer, sich einen Freitod vorzustellen, der in Versöhnung mit sich und dem Umfeld geschieht? Welche Ängste blockieren eine solche Entwicklung?

Für die Mitmenschen resultieren die Probleme mit dem Freitod vor allem aus dem Umstand, dass er sich normalerweise unerwartet ereignet. Dabei ist er das so gut wie nie. Schleichend bereitet er sich in der Stille des Herzens vor und wächst als Potentialität oft unerkannt selbst von dem, der ihn dann plötzlich an sich ausübt. Langsam begibt er sich in einen Sog, in dem bei Rückschlägen der Blick eher zum Tod als zu der Schönheit der Blume am Wegesrand geht. Er sieht sie einfach nicht. In diesem Sog entstehen kraftvolle dunkle Felder. Schwere Gefühle verstärken sich, das Mentale gerät unter Todeseinfluss.

Emil Michel Cioran schreibt in seinen Werken dem Selbstmord jenseits aller Düsternis oft eine geradezu therapeutische Bedeutung zu. Wertvoll wird er danach nicht durch den Vollzug, sondern durch seine Möglichkeit. Zu wissen, dass man gehen kann, wenn man es will, wird in dieser Sicht zum entscheidenden Faktor. Diese immer existierende Potentialität, die mir niemand nehmen kann, vermittelt das Gefühl grenzenloser Freiheit. Alles kann genommen werden, aber nicht das Wissen darum, selbstbestimmt aus dem Leben zu scheiden. Der Freitod als Idee und Wirklichkeit zugleich wäre dann sogar ein Lebensimpuls, selbst in aussichtslos erscheinenden Umständen. Und er wäre im Rahmen meiner Selbstbestimmungsmöglichkeiten die verbleibende positive Alternative zu der wohl schrecklichsten Weise der Selbsttötung, die so epidemisch verbreitet ist: dem Leben als Selbstmord in Raten. Wenn das Leben von Todeskräften beherrscht wird, die mich in allem ganz an die Endlichkeit verlieren lassen – in diesem Prozess der selbstentmündigenden Anpassung an die mir gegeben scheinenden und von der Umwelt verordneten Bedingungen und Grenzen. Wenn, was der Selbsterhaltung dienen soll, in Selbstvernichtung umschlägt, in das Verhängnis der dauerhaften Unterdrückung meines Werdens.

Um Missverständnissen vorzubeugen: Dies ist kein Plädoyer für den Freitod, wenn ein Mensch damit den existentiellen Anforderungen, Herausforderungen, Unerbittlichkeiten und Provokationen des Lebens entfliehen möchte. Es ist aber der Hinweis auf einen differenzierten Blick, dessen letzter Maßstab die menschliche Würde ist und bleibt.

Fingierte Selbstsicherheiten – Die Verdrängung des Scheiterns

Die ungestillte, doch wach gehaltene Sehnsucht, die Melancholie, die dem Sosein der Welt die Traurigkeit darüber entgegenstellt, und der Freitod – in ihnen weicht der Mensch dem Scheitern und der Ohnmacht, dem Leiden und der Verzweiflung aus. Aber wenigstens hat er sich ihnen zuvor gestellt. Er hat sich mit ihnen auseinandergesetzt, sie vielleicht erkannt, auf jeden Fall an sich herangelassen, warum auch immer. Das erscheint als nicht wenig. Selbst dazu jedoch ist der Verdrängende nicht bereit oder nicht in der Lage oder beides.

Nun muss es zweifellos als gegeben angesehen werden, dass jeder Mensch bis zu einem gewissen Grade immer auch verdrängt, zu vergessen sucht oder eben einfach ausweicht. Die Komplexität des modernen Lebens mit seinen nicht selten unvereinbaren Rollen und Verhaltensanforderungen lässt oft geradezu keine andere Chance, als sich durch einen Prozess zu begeben, ohne nach links und rechts oder gar in sich hineinzuschauen. Dieses gilt es also an sich nicht zu beklagen, wenn wir uns als alltagstaugliche Funktionswesen handlungsfähig halten wollen, vorausgesetzt natürlich, die Prioritäten, die wir setzen, um etwas zu tun und etwas anderes zu lassen, werden bewusst gesetzt. Und – hier beginnt der große Vorbehalt – vorausgesetzt, das, an dem wir vorbeieilen oder es schlicht negieren, hängt nicht mit der Tiefe unseres Wesens, des Selbst, vor allem in seiner Potentialität, zusammen.

Die Verdrängung des mit Leiden Verbundenen geht normalerweise damit einher, sich mit dem Dasein, wie es gegeben ist, zu identifizieren. Diese Identifikation kann man nicht als bloßen Schein abtun. Bei ihr handelt es sich vielmehr um die fortgeschrittene Stufe der Entfremdung. Der entfremdete Mensch hat sich in seinem entfremdeten Dasein voll und ganz eingerichtet. Er nimmt nur noch diese Dimension wahr, sie allein tritt ihm jetzt in allem als ausschließlich gegenüber. Aus dieser Lebensnische heraus kann der Einzelne durchaus existentielle Lebensanfragen mit Optimismus überspielen. Er konstruiert eine Selbstsicherheit, die jede Seinsanfrage fröhlich von sich weist. Die tief in ihm ruhende Daseins-Verzweiflung hat er verstanden zu isolieren und perfekt abzudichten. Von hier dringt kein Schmerzenslaut nach außen, zumindest so lange nicht, bis ein unwiederbringlicher Verlust, eine schwere Krankheit oder der nahende Tod diese Schutzhülle zerreißt.

Diese fortgeschrittene Stufe der Entfremdung trägt ein Janus-Gesicht. Der Kampf geht immer in zwei Richtungen zugleich. In der Anpassung an die äußere, vorgegebene Wirklichkeit und die Einpassung in ihre Lebenswelthorizonte drückt sich der Versuch aus, Sicherheit durch Berechenbarkeit zu erlangen und Selbstbeherrschung durch Selbstbeschränkung. Dies aber geht nur durch die Bekämpfung und Niederhaltung der ursprünglichen und teils unbewussten Innenweltkräfte. Der Widerspruch, das Leben inmitten der Gesellschaft aktiv und rational gestalten zu wollen und sich dabei mit hohem, auch emotionalem Energieaufwand unwissend und unbewusst zu halten, bleibt unauflösbar. Der eigenen Tiefe kann sich nur entziehen, wer den Preis der Regression, der persönlichen Rückentwicklung zahlt. So mancher greift da lieber nach den Heilserwartungen, die er in einer inneren Emigration sieht, und leistet damit doch auch nur eines – die Stabilisierung des Unzureichenden und doch eigentlich als unzureichend auch Erkannten.

Zu gravierenden Persönlichkeitsstörungen führt das Verdrängen, wenn es über die Abspaltung eigener Wesenheiten läuft. Als Abwehrmechanismus der Psyche beginnen sich wichtige existentielle Details der Wahrnehmung zu entziehen, vor allem jene, die mit Schmerz- und Verlusterfahrungen potentiell verbunden sind. Die in der Abspaltung wirkenden psychischen Kräfte sind mit der Seelenkraft verbunden. Ihnen fließt viel Energie zu, die in geheimen Wünschen und Sehnsüchten wurzeln. Aus moralischen oder anderen Gründen, aus dem Nicht-so-sein-Dürfen, wie man empfindet, und vor allem aus einem Nicht-loslassen-Können alter Muster werden sie rigoros unterdrückt. Zur Gefahr des Bestehenden geworden, werden sie aus der Person herausgedrängt. Nichtintegriert existieren sie weiter, als gleichsam abgetrennte Teilpsychen. Die vorgegebenen oder vorgeschobenen Abspaltungsgründe erfahren in diesem Prozess in der Folge oft eine idealisierende Überhöhung, bedarf es doch der gut sitzenden Masken, um mir in meinem Selbstverrat überhaupt noch mit erhobenem Haupt begegnen zu können.

Abspaltungen verlieren sich im Lauf der Zeit, nach einmal grundsätzlich getroffenen Entscheidungen gegen mich selbst, im Unterbewusstsein. Dort aber wirken sie dauerhaft weiter. Sie rauben einen Teil der Kraft bzw. werden selbst zu einer traumatischen Energie.

Scheitern nicht zuzulassen und nicht anzunehmen, Versagen sich nicht einzugestehen …vielleicht liegt darin erst das wirkliche, das fortgeschrittene Scheitern, das die fortgeschrittene Entfremdung spiegelt. Jetzt bleibt nicht mehr viel, vielleicht noch die in Verbitterung sich steigernde Schuldsuche immer bei den anderen, die projektive Dämonisierung der Um- und Mitwelt.

In der Verdrängung des Scheiterns – und dies gilt nicht nur für Personen, sondern auch für Nationen und Kulturen – stirbt die biografische bzw. kollektive Geschichtlichkeit. Keine neue Substantialität wird sichtbar, und das Vergangene verkümmert an seinen wunden Stellen zu einem undeutbaren Nichts (vgl. Jaspers 1956, S. 232), dem Vergessen anheim gegeben. Dieses Nichts existiert als Wunde gleichwohl weiter.

Wie Lügen zieht das Verdrängen fortwährendes Verdrängen nach sich, führen Abspaltungen in immer neue Ein-Schnitte. Das Bild der Welt wird dadurch, durch den Raubbau an Tiefenschärfe, immer grauer, dunkler und undurchdringlicher. Jetzt nimmst du nicht einmal mehr wahr, dass du das Göttliche mit hinausgedrängt hast aus dem dir noch zugänglichen Teil deiner selbst, jetzt weißt du gar nicht mehr, was Hingabe heißt, geschweige denn, dass du zu ihr fähig wärst; jetzt hast du deine Empfänglichkeit selbst für Wunder aufgegeben. Doch nur ein Wunder kann dich noch retten.

B

In der Tiefe des Scheiterns liegen die Möglichkeiten des Werdens

Das Verwundende als Heilkraft

Scheitern als der Weg zum Werden

Ein Problem, das sich vor uns aufbaut, können wir überwinden, aus dem Weg räumen, gelegentlich schlichtweg negieren. Krisen, derer wir teilhaftig werden, provozieren normalerweise ihr konstruktives Durchleben und ihre Bewältigung. Das Wesen des Scheiterns jedoch liegt in seiner Unwiderrufbarkeit. Mächtig setzt es seinen Grenzstein in die Existenz. Das Gescheiterte in meinem Leben, eine berufliche Karriere, eine Beziehung oder Ehe, die soziale Anerkennung einer Leistung, der Entwurf einer Seinsweise – ihr Zerbrechen ist nicht mehr umkehrbar, auf der Ebene des Bruchs nicht heilbar. Im Gegenüber der Verzweiflung scheitern in der Folge auch die gängigen Antworten und Lösungswege mit, eine gewisse Ratlosigkeit der Philosophie inbegriffen. Es sei denn, wir beginnen auch das Desaströse vom Standpunkt der Vollendung, der Erlösung und der existentiellen Heilung her zu betrachten. Es sei denn also, wir begännen endlich, den Makel abzustreifen, der am Scheitern und der folgenden Verzweiflung klebt. Der Kampf ist ganz gewiss kein leichter, denn er muss vor allem gegen die zensierten Gefühle bestanden werden, die in unserer Kultur auch dann noch nach Coolness rufen, wenn das Herz nur noch aus Tränen besteht.

Im Makrokosmos des Universums, im Mesokosmos der Kulturen und im Mikrokosmos des einzelnen Menschen lebt das Scheitern, lebt der Untergang, leben der kleine und der große Bruch in Notwendigkeit und Gleichberechtigung neben dem Glanz und der Größe des Gelingens. Teil des Ganzen sind sie und Voraussetzung. Dies anzuerkennen und zu integrieren wird zur Basis dafür, sich dem Leben gestaltend zu stellen und es selbst zu entwerfen. Was uns eigentlich niederschmettern und dramatisch mindern müsste, wächst nun zur Voraussetzung dafür, dass das Leben sich selbst gerecht wird, indem es sich steigert. Leben will Steigerung, will Entwicklung. Existentielle Herausforderungen und Prüfungen sind der Motor dafür.

Im Scheitern wird das Sein offenbar

Von dem, was uns als Hölle erscheint, können wir die Augen nicht abwenden. Dem Elend, das uns, auch in uns selbst, begegnet, dürfen wir nicht ausweichen. Wir können es sonst nicht überwinden. Das Dasein ist zerbrechlich, und es zerbricht. In dieser Gewissheit ruht eine der wenigen überzeitlichen Wahrheiten.

„Denk an deinen Schöpfer in deinen frühen Jahren, ehe die Tage der Krankheit kommen und die Jahre dich erreichen, von denen du sagen wirst: Ich mag sie nicht!, ehe Sonne und Licht und Mond und Sterne erlöschen und auch nach dem Regen wieder Wolken aufziehen … ja, ehe die silberne Schnur zerreißt, die goldene Schale bricht, der Krug an der Quelle zerschmettert wird, das Rad zerbrochen in die Grube fällt, der Staub auf die Erde zurückfällt als das, was er war, und der Atem zu Gott zurückkehrt, der ihn gegeben hat. Windhauch, Windhauch, sagte Kohelet, das ist alles Windhauch." (Kohelet 12,1–2;6 – 8)

Im Scheitern tritt die Grundambivalenz des Menschen zu Tage. Ihm wird es zur dauerhaften Prüfung, und doch liegt Gnade darin, es als dem Gesetz des Seins und Werdens zugehörig erkennen zu können und an mir selber spüren zu dürfen, dass das Werden des Vergehens bedarf. Wie sonst entstünde Bewegung? Wenn der biblische Prediger Kohelet selbst das uns als ewig erscheinende Universum als Windhauch, als Vorübergehendes offenbart und ja kein Argument bekannt ist, das als Widerspruch ernst genommen werden könnte, dann liegt wohl im Durchleben des Vergehens mit das Tiefste, das wir überhaupt erfahren können, ein ganz eigener Ursprung von Lebendigkeit. Im Durchleben des Vergehens als Keimquelle der Lebendigkeit zeigt sich die Polarität des Seins und hebt sich diese zugleich auf. Jede Position ist an ihre Verneinung gebunden, jedes Negative an das Positive, keine Eigenschaft wird ohne ihr Gegenteil. Die ganze Kostbarkeit der Bindung erstrahlt nur angesichts des drohenden Verlusts. Das Licht des kosmischen Christus kann nur jene Seele erhellen, die sich in der Nacht des Zweifels und der Gottesfinsternis selber suchte. Vielleicht nimmt ja das dem Schrecklichen ein wenig das Schreckliche, wenn wir es auch als Daseinsgrund des Schönen erkennen, wie Nietzsche in seinem Vorwort zur Geburt der Tragödie so inständig betont (vgl. Nietzsche 1990, S. 367–379), und wenn wir es in der Folge in dieser Sinnhaftigkeit bejahen. Nur dann ja auch kann Trost sein. Und es kann die Erfahrung von Ganzheit erwachsen, selbst in dieser zerrissenen Welt.

Ganzheit zu erfahren durch oder besser in der Bejahung des Vergehenden heißt Bejahung unserer Hilflosigkeit, solange wir von mentalem Stolz erfüllt sind, solange wir uns also in grundlegende Täuschungen ergeben, in einen Glauben an das, was wir denken und uns vorstellen zu sein. Die Annahme des

Scheiterns holt aus der Verfangenheit in zentrale Lebensillu-sionen. Mehrdeutigkeiten verdrängen konstruierte Klarheiten und lassen uns einen Blick auf das eigene Leben werfen, das immer auch aus einer Ansammlung von Irrtümern als ehe-maligen Wahrheiten bestand und besteht. Diese Irrtümer sind Geschöpfe unseres Denkens. Parzelliert und begrenzt versucht das Denken zu analysieren und sich in Kategorien Sicherhei-ten zu verschaffen. Kategorien aber ordnen zu und errichten Grenzen. Mehrdeutigkeiten stören da nur. Und selten gibt der Geist sich mit reinem Hinschauen zufrieden – mit dem Schau-en, ohne zu werten. Nur dieses enthebt dem Verhaftetsein. Die Einsicht in die Grenzen und in das Begrenzende des kategoria-len Denkens führt über das wache Hinschauen zu einer Analy-se auf einer höheren, integralen Ebene. Auf ihr hat der Mensch begonnen, seinen Ich-Wahrheiten zu entwachsen. Von hier aus kann er sehen, was er ist und was er nicht ist, was er allein und was er in der Verbundenheit der Gemeinschaft der Geschöpfe ist und sein und werden kann. Auf dieser Ebene, die zu errei-chen das Abstreifen der Lebensillusionen verlangt, vermag er sich nun endlich seinen Möglichkeiten anzunähern.

In der Annahme und im Durchleben des Scheiterns wird das Sein offenbar. Die Enthüllung der Daseinstäuschungen geben den Blick frei auf die Tiefe des Seins (vgl. Jaspers 1956, S. 232–236). Jetzt wird es erfahrbar, im Durchschreiten der existentiellen Räume, im Wagnis dieses Durchschreitens. Es wird erfahrbar in seinen Gebrochenheiten und der Dy-namik des Vergehens, in der ungeschminkten Offenheit, mit der jede Zerstörung mir begegnet, wenn ich sie vorbehaltlos anschaue. Was als Unfähigkeit zu vollenden gesehen wurde, zeigt sich nun als Voraussetzung, um zu vollenden. Die Jahre, die ich als die sieben Jahre der Dürre sah, wandeln ihr Ant-litz. Ich erkenne sie nun als die sieben Jahre der Fülle. Der

Mensch, der das durchlebend und durchleidend erfuhr, weiß. Er weiß nicht in den Kategorien des Fach-, Sach- und Leistungswissens; dieses wurde mit den anderen Täuschungen von der Welle des Bewusstseins weitgehend fortgespült. Er weiß auf der Ebene metaphysischen Heilswissens. Im Widerstehen aller Fluchtrufe, im Verbleiben und Aushalten hat er sich scheiternd überwunden und an seinen wahrgenommenen und akzeptierten Grenzen bewahrheitet.

Das erfüllte Scheitern sollte also nicht mit passiver Hinnahme verwechselt werden. Man könnte eher von einem aktiven, wachen Dulden sprechen und einer Gelassenheit, die aus der Zeugenschaft mir selber gegenüber resultiert. Gleichwohl sind dieses Dulden und das damit verbundene Durchhalten existentiell. Sie halten uns im und am Sein, und das nicht nur auf mich bezogen. In der durchhaltenden Annahme des Scheiterns und des damit verbundenen Leides werde ich überhaupt erst leidensfähig, stelle ich mich zum Leiden in eine Beziehung. Der Beziehungsaspekt lässt es mich betrachten und erkennen und fühlen zugleich. Und er lässt mich eine spezifische Sensibilität entwickeln, die mich Leid auch bei anderen Menschen spüren lässt; und zwar schon dann, wenn sie sich noch in der Bemühung halten, es zu maskieren. Nur wer das Scheitern kennt und sich fühlend und wissend mit ihm vertraut gemacht hat, kann dem von ihm erkannten scheiternden Mitmenschen helfen. Und dieser wird seine Hilfe eher annehmen als die Worte derer, die in einer Mischung aus Mitleid und Angst davor, selbst erfasst zu werden, sich darin üben, billigen Trost zu spenden.

Dulden führt in die Geduld und damit in die Kardinaltugend der sich wach und bewusst entwickelnden Seele. Die Geduld hebt mahnend die Hand, sowohl wenn überstürztes Handeln droht, den Menschen zu Fall zu bringen, als auch wenn das Erlittene droht, ihn zu zerbrechen. Die Geduld bewahrt vor dem finalen Scheitern und dem passiven Sichschicken in eine vorgebliche Aussichtslosigkeit. Josef Pieper bezeichnet sie in Anlehnung an Thomas von Aquin und Hildegard von Bingen als den „strahlenden Inbegriff letzter Unverwundbarkeit" (Pieper 1934, S. 60).

Im Durchleben und Aushalten bereiten sich schließlich die Energien vor, die zur rechten Zeit in eine neue Ausrichtung führen können. Sie werden geformt aus der Synthese von Akzeptanz und Erkennen. Auch das Erkennen, wenn es ein Erkennen nicht nur des Geistes, sondern eines in Fleisch und Blut sein soll, braucht seine Zeit. Es braucht sie, um die Verengungen unseres Erkenntnishorizontes, um die vielfältigen Wahrnehmungsblockaden aufzulösen. Es braucht sie, um sich kontinuierlich aufdrängende Täuschungen abzustreifen; es braucht sie, um präzise die Ursachen, die Bedingungen und Wechselwirkungen, die am Scheitern mitgewirkt haben, zu bestimmen. Diese Analyse wird dann nämlich zeigen, dass Fehlschläge zwar auch mit uns, aber nicht nur mit uns zu tun haben. Wir scheitern nie nur an uns selbst alleine und durch uns. Immer sind auch außerhalb von uns liegende Bedingungen beteiligt, genau wie das personale Scheitern immer auch andere Menschen und Bedingungskonstellationen mit betrifft. Das kulturelle Muster, das diese Wahrheit unterdrückt, indem es Scheitern konsequent individualisiert, festigt allein die Macht gesellschaftlicher Strukturen; und es verstärkt die Hilflosigkeit des Einzelnen.

Erkennen wir das, indem wir lernen, uns als eine Existenz zu sehen, die mit anderem Leben vielfältig und wechselseitig verbunden ist, werden wir wachsamer hinsichtlich veränderter Bedingungen und damit veränderter Chancen zur äußeren und inneren Ausrichtung. Es steigt auch die Achtsamkeit hinsichtlich der direkten und indirekten, der persönlichen und der sozialen Folgen des Handelns. Das lässt uns dieses Handeln angemessener verantworten – gerade auch im Scheitern, das, so besehen, zu einer notwendigen Prüfung wird. Die konsequente Analyse schließlich hält in der eigenen Geschichte und auch einer gewissen Treue zur eigenen Vergangenheit. Es ist jene Treue im und zum Wandel, die Treue zu einer Geschichte des Werdens, die auch die Basis jeder gelingenden Partnerschaft von Frau und Mann darstellt. Es ist die Treue zu uns selbst. Sie allein führt in unsere Auferstehung schon zu Lebzeiten.

Im Prozess des Scheiterns stehen wir in der Begegnung mit dem, was schon seit jeher als die dunkle Seite Gottes bezeichnet wird. Es ist jene Zeit, in der das Göttliche sich uns zu entziehen scheint, es sind die Jahre des Zweifels und des Ringens um Licht, wie es das biblische Buch Ijob so wunderbar tief und beeindruckend beschreibt. Hier gibt es nichts mehr zu beschönigen, warten keine einfachen Lösungen, ist die Nacht dunkel, Nacht eben.

In dieser Nacht findet das Unvollendete der Schöpfung, finden ihre oft tragischen Brüche einen Platz. In der Begegnung werden sie zu Korrekturzeichen für eine notwendige Lebensänderung und zum dramatischen Hinweis, nicht an der Ganzheit des Lebens und nicht an sich vorbeizuleben. So bereitet sich das Neue vor. So verwandelt sich das Gebrochene in der Schöpfung, verwandelt sich das jederzeit mögliche Tragische als Evolution und Fortschritt, als die Fruchtbarkeit bewältigter und überlebter Niederlagen. So führt die Verzweiflung, in der ja „zwei" steckt und damit Spaltung, in die Einsicht und

Erfahrung der Ganzheit, der im Letzten immer vorhandenen Einheit als dem Ungetrennten. Jetzt wartet nur noch eine Anforderung an den Menschen, der sich bis hierhin durchgehäutet hat: Dankbarkeit.

Leiden als Chance

Um kaum einen anderen Begriff wurde in unserer Kultur eine vergleichbar dunkle Aura errichtet wie um das Leiden. Es steht für das Negative im Leben schlechthin. Natürlich ist es das auch, wenn es ausschließlich vor dem Horizont des Schmerzes, des Verlusts und des Nichtgelingens betrachtet wird. Warum sollte der Mensch dem, was ihm wehtut, etwas Positives ankonstruieren? Wieder führt auch hier nur ein Weg aus der Sackgasse der Wahrnehmung, wenn der schmerzhafte Eingriff in das Leben im Kontext der Seinsvielfalt und der Seinsfülle betrachtet wird, als Stufe im Prozess des Werdens. Ein ununterbrochenes Vor-sich-Hinleben in wunschlosem Glückszustand stumpft ab, lässt die Sinne und Empfindungsfähigkeiten verkümmern. Das Leiden, der Schmerz und das Nicht-Gelingen halten wach und offenbaren auf ihre Weise das Sein als eben nicht gleich-gültig. So betrachtet könnte man, wie es der deutsche Existenzphilosoph Martin Heidegger getan hat, das Verbleiben in der Notlosigkeit gar als die eigentliche, die höchste Not bezeichnen. Sie versteht es zugleich trefflich, sich als solche zu verbergen.

Wir würden es uns zu einfach machen mit der so gerne zitierten Aussage, dass dem Schönen immer der Verlust und das Schmerzhafte vorausgehen. Aber oft wird das Schöne erst vor der Erfahrung des Defizitären als solches erkennbar und erweisen sich Schmerz und Leiden damit als destruktiv und produktiv zugleich. Sie rufen nach einer Wiederherstellung bzw. nach einem Neuaufbau von Sinn und Handlungsmöglichkeiten. Das beginnt bereits, wenn der Mensch anfängt, am Leiden zu leiden, und wenn er in der Folge neue Ziele bestimmt und innere Räume errichtet, diese Ziele zu erreichen. In diesem schöpferischen Prozess geht der Leidende bereits seine ersten Schritte über die Unabänderlichkeit des Leidens hinaus, beginnt er, sich neu zu entwerfen (vgl. Sauter 1982, S. 109 ff.). Es erscheint durchaus nicht unangemessen, in diesem konstruktiven Aufbegehren des Menschen gegenüber den als Unzulänglichkeiten der Existenz erkannten Bedingungen und Gegebenheiten einen wesentlichen Ausgangspunkt, wenn nicht den Ausgangspunkt für das Entstehen von Kultur schlechthin zu sehen (vgl. Schmid 1998, S. 346). Zumindest ist es einer ihrer stärksten Motoren. Seine Energie erhält er aus der Kraft, die frei wird, wenn das Leid als Teil des Seins erkannt und angenommen wird.

Erkenntnis und Annahme, beide bedürfen der Kommunikation. Das Leiden zu erkennen und im Innersten zu verstehen meint auch mit ihm zu kommunizieren – offen und vorurteilsfrei. Leiden und Schmerz führen den Menschen in die wohl größtmögliche Intimität mit sich selbst und mit dem gerade im Schmerzhaften empfundenen Gegenüber des Selbst. Es steht ihm gegenüber als bewusstseinsmäßig getrennt, ja abgespalten, als der ihn verwundende Feind, belegt mit Vorurteilen und Schablonen, die aus Prägungen stammen, die schon in jungen Jahren aufgebaut wurden. Doch diese Abspaltung bietet auch Chancen. Ich kann mich gleichsam dem Leid gegenüberstellen und mit ihm als einem Du Kontakt aufnehmen. Dann wird Schritt um Schritt, im Dialog mit jedem Urteil, jeder Kategorie und jedem ausgelösten Gefühl die Verdrängung und Abspaltung offensichtlicher; bis ich den fremden und erschreckenden Anderen als mich selbst erkenne; erkenne, dass ich das Leid bin, dass der Beobachtende das ist, was er beobachtet.

Die Kommunikation mit dem Leiden selbst steht als unabdingbare Voraussetzung für seine schöpferische Bewältigung. Dass das Sein des Menschen Beziehung meint, beginnt im Diskurs mit mir selbst, fordert aber zugleich das Darüberhinausschreiten. Teil der Welt zu sein bedeutet auch hinsichtlich des Leides, das mir widerfährt, Dialog mit dieser Welt und Spiegelung durch den anderen Menschen. Schließlich verbleibt mein Leid ja auch nicht bei mir. Es betrifft direkt oder indirekt immer andere mit, und es erfährt so Resonanz. Das Leiden, vor allem bei den engsten Bezugspersonen, zur Sprache zu bringen, zeigt sich so als die Voraussetzung dafür, es zum einen durch ihre Wahrnehmungen und Erfahrungen hindurch noch besser verstehen und in seinen Ursachen annehmen zu können; diese Kommunikation vermag zugleich aber auch Belastungen und Missverständnissen vorzubeugen oder sie aufzulösen, die durch mich als Leidenden im Du des Mitmenschen hervorgerufen werden. Oft sind es ja gerade solche Irritationen bei den uns liebsten Menschen, die das Leiden verstärken, wenn ich mich unverstanden oder gar isoliert fühle.

Es bleibt die Auseinandersetzung mit dem göttlichen Du.

„Zum Ekel ist mein Leben mir geworden, ich lasse meiner Klage freien Lauf, reden will ich in meiner Seele Bitternis. Ich sage zu Gott: Sprich mich nicht schuldig, lass mich wissen, warum du mich befehdest. Nützt es dir, dass du Gewalt verübst, dass du das Werk deiner Hände verwirfst, doch über dem Plan der Frevler aufstrahlst? … Deine Hände haben mich gebildet, mich gemacht; dann hast du dich umgedreht und mich vernichtet … Sind wenig nicht die Tage meines Lebens? Lass ab von mir, damit ich ein wenig heiter blicken kann, bevor ich fortgehe ohne Wiederkehr ins Land des Dunkels und des Todesschattens." (Ijob 10, 1–3; 8; 20–21)

Ijob klagt seinen Gott an. Und er stellt sich damit aktiv in die dritte Beziehungsebene. Er sucht die Auseinandersetzung aufgrund seiner unerträglichen Schmerzen und seines Unverständnisses darüber. Letztendlich führt ihn dann auch dieser begonnene Dialog zur Heilung. Viel kann aus diesem biblischen Buch gelernt werden, hier aber vor allem die Bedeutung, die darin liegt, das, was uns bedrängt, vor Gott zu bringen. Wir müssen lernen, zuzulassen und auszusprechen, anzunehmen und zu hinterfragen, zu dulden und sich fragend zu öffnen. Die Antworten kommen in der Stille und aus der Stille. Sie steigen langsam auf und verwandeln den Suchenden und Fragenden. Und sie heilen.

Die Kommunikation des Leidens hebt es erst ins volle Bewusstsein, lässt es uns in seiner Tiefe, seinen Ursachen und seinen Chancen erkennen. Menschen sind Kommunikation, und keine Lösung kann ohne Kommunikation gedacht, kein Weg ohne sie beschritten werden.

Ars Moriendi

Das Leiden findet durch den Tod und im Tod seine wohl größte Tiefe und Innerlichkeit. In einer Kultur, die so rastlos bemüht ist, Leiden zu vermeiden, ihm auszuweichen oder es zu verdrängen, stellt von daher der Tod die bitterste und zugleich verschwiegendste Provokation dar. Dabei weist doch erst der Tod dem Leben seine Herausforderungen und Aufgaben zu. Seine fortwährende Erinnerung und Mahnung bilden den Rohstoff der Würde. Die Endlichkeit von jedem und allem hängt mit der Unvergleichlichkeit und Einmaligkeit eines jeden Lebens untrennbar zusammen. Nichts ist identisch und selten etwas revidierbar. Die Größe der darin ruhenden Lebensaufgaben könnte umfassender nicht bestimmt und bemessen werden. Und diese Aufgaben stellen sich jederzeit und genau genommen von Anfang an. Denn kaum geboren, bin ich schon alt genug zum Sterben. So entstand und entsteht die Zeit. Aus der Vergänglichkeit des Menschen wurde sie erdacht. Seine Bindung an das körperliche Leben bindet an die verkörperte und vergehende Zeit, den Chronos. Das Wegziel, oder sprechen wir besser von der Wegstation des Todes, stellt jeden Augenblick des Lebens in ein besonderes Licht und konfrontiert ihn mit spezifischen Herausforderungen. Der Tod lehrt aber auch, konsequent den Abschied zu leben, ja ihm, wie Rilke es formuliert hat, immer voran zu sein. Dann kann die bewusste Vorwegnahme dem Abschied das Bittere und Zwingende nehmen und ihn gar zu etwas Befreiendem machen, wenn er eintritt (vgl. Stüttgen 1999, S. 50). Das Leben bei allem Genuss des Moments auch als Abschied zu leben, nimmt der Welt viel an Macht über den Menschen. Er tritt in Distanz, ohne an Intensität zu verlieren, ja, gewinnt sie doch eigentlich erst im Horizont eines jederzeit möglichen und wahrscheinlichen Verlustes. Dazu gehört die Haltung des Abstands sich selber gegenüber, den Gewohnheiten und Erwartungen, den Ängsten und Obsessionen. Im Zulassen des Ungewissen und in der immer wiederkehrenden und sich immer wieder neu und anders ausdrückenden Bereitschaft zur Selbstaufgabe und Selbsthingabe zeigt sich die jeden Tod überstrahlende Freiheit. Es ist dieses Zulassen, das den Menschen auch in die fortwährende Nähe zum göttlichen Bereich rückt und damit in ein Feld, das keinen Endpunkt kennt. Der aus dieser Nähe sich ergebende Drang und die in dieser Nähe wach gehaltene Sehnsucht nach dem Unbedingten und Absoluten sind selbst absolut. Sie können nicht verlöschen wie ein kleines Glück.

Im Abschied leben, das Sterben zulassen und dem Tod als Weggefährten begegnen meint nicht, der Welt und den sie bewohnenden Wesen gleichgültig gegenüberzutreten. Abschiede, und schon gar, wenn es sich um das körperliche Sterben geliebter Menschen handelt, kann von der Bewältigung in der Trauer nicht getrennt gesehen werden. Trauer wartet als das Gegenüber einer jeden Bindung, gehört zur Wahrscheinlichkeit einer jeden Liebe. Sie steht als Preis dafür, lieben zu können und zu dürfen, und wir sind sie dem Gehenden und Gegangenen schuldig. Genau wie uns selbst.

Die Trauer bedarf keiner festen Zeiten, und sie bedarf keiner festen Orte, auch wenn beides wichtige Stützen im Alltag sein können. Doch in erster Linie zeigt sich in der Trauer eine innere Haltung dem Abschied gegenüber. Trauernde sind nicht krank, sie bedürfen selten einer Therapie. Sie haben den Weg der Selbstheilung beschritten, erweisen dem Gehenden und Gegangenen die letzte Reverenz, durchleben noch einmal seine Einzigkeit und Unwiederbringlichkeit und geben es und sich selber schrittweise frei. Stille Präsenz und empathische Kommunikation helfen ihnen auf diesem Weg, helfen, Blockaden zu lösen, die ich auf mich allein gestellt oft nicht beseitigen kann.

Quelle der Weisheit

Der Weg des menschlichen Geistes und der menschlichen Seele führt durch das Erkennen hindurch zu den Quellen der Weisheit. Unzählige Irrtümer und entsprechende Korrekturen warten. Das so genannte „Schicksal" erweist sich als notwendiger Lernprozess. Leiden und die überall wartenden Abschiede gehören zu den unverzichtbaren Lehrmeistern. Das Leid, das Daran-Leiden, der Gang durch die dunklen Emotionen sind der Schlüssel zu einer Weisheit und Inspiration, die wir anders nicht erlangen können. Es gibt ein Licht, dessen Glanz kann nur erkennen, der das Leiden durchschritten hat. Die Erfahrung dieses Lichts wird zu einer Erfahrung des Glücks, das wir allerdings nicht mit naiver Freude verwechseln sollten. Freude entsteht spontan, blitzt auf und erlischt. Sie verweht wie ein Windhauch. Glück ist eine nach langen Kämpfen im Menschen auflebende und aufstrahlende Energie, die sich aus dem Ewigkeitsraum in uns beheimatet. An diese Kämpfe also bindet sich das Geschenk des Sehens und der energetischen Verwandlung. Keine tiefe Einsicht fällt uns ohne existentielle Erfahrungen zu. Aus dem Gefühl der Bodenlosigkeit heraus wird das Erkennen zum neuen Grund.

Mein Gartenhäuschen verbrannte.
Nun steht nichts mehr zwischen mir und dem Mond.
Japanisches Sprichwort

Auf der Bühne des Lebens, der keine Darstellungsform fremd und keine Ausdrucksweise unangemessen ist, steht Leiden für das Drama der Erkenntnis. In der Erkenntnis begründet und legitimiert es seinen Sinn. Verweigere ich mich diesem Sinn und verweigere ich mich damit der Erkenntnis und Einsicht, entsteht aus Leid nur neues Leid, verbleibe ich im Kreislauf der allein negativen und schmerzhaften Wahrnehmungen. Dann kann Leiden nicht helfen, neues Leid zu vermeiden, dann erfüllt es nicht seine Bedeutung vorwegnehmender Erlösung potentiellen Scheiterns. Das selbstverschuldete Nichterkennen wird dann zum eigentlichen Leiden am Sein.

Letzte Unergründlichkeiten

Die These vom Leiden als Chance hat somit ihre unwidersprochene Berechtigung. Und doch haftet dem so gerne und locker zitierten Satz, dass kein Unglück so groß sei, dass es nicht auch ein Glück in sich berge, ein fader und zynischer Beigeschmack an. Aus der Welt als einem im Letzten auch paradoxen Rätsel kann Entkommen nicht garantiert werden. Und so gibt es ohne Frage durch nichts zu erklärendes und durch nichts zu rechtfertigendes Leiden, das bei aller investierten Kraft, allem aufgebrachten Glauben und aller wach gehaltenen Hoffnung diese schlichtweg abnutzt, verbrennt und mit ihnen die Lebensenergie. Es bleibt ein Skandal, genau wie die unaufgelösten Ungerechtigkeiten auf dieser Erde und jeder Tod eines Kindes (vgl. Camus 2001/1953, S. 341 f.). Dieses Leiden, dieses Scheitern, ob als Person, als Kollektiv oder sogar als Gattung, behält seinen Widerspruch und bleibt im Sinn verborgen. Es behält seine Unerklärlichkeit genau wie das Wesen des Bösen, von dem wir bereits sprachen. An dieser Stelle gebietet sich deshalb eine grundlegende Unterscheidung, gilt es, sich der Einsicht zu stellen, dass zwei Gestalten des Scheiterns und des Leides über diesen Erdball wandeln und uns jederzeit begegnen können. Die eine Gestalt führt durch die Nichtverwirklichung in eine neue Substantialität. Die andere zertrümmert jede Möglichkeiten und hinterlässt den Menschen im undeutbaren Nichts (vgl. Jaspers 1956, S. 229 f.). Jede Verharmlosung wird hier selber zum Skandal. Und auch die prosaische Formulierung, dass „eine Existenz, die keinen monströsen Wahnsinn in sich birgt, keinerlei Wert" hat (Cioran 1989, S. 15), stellt keine wirklich angemessene Reaktion auf das Unergründliche dar. Was bleibt?

Will ein Mensch nicht verzweifelt sterben und damit seinem Leben die Würde nehmen, so bleiben auch hier nur das Aushalten und Standhalten und die Tapferkeit, die das ermöglicht. Und es bleibt das Aufbegehren in der Liebe zum Heilenden und zum Guten. Beide, Standhalten und Aufbegehren, erwarten vom Menschen, dass er Verwundungen hinzunehmen bereit ist, nicht zuletzt, um durch diese Bereitschaft seine tiefste und letzte Unversehrtheit zu bewahren.

Ohnmacht als Kraft

Das Scheitern, das Leiden und die Ohnmacht sind drei im Innersten tief miteinander verbundene Erfahrungsströme. Auf jeweils ihre Weise konfrontieren sie den Menschen mit seinen Grenzen und lassen ihn gerade dadurch jene Tiefe des Seins erkennen und spüren, die über ihn hinausweist. Und erst jetzt wird es möglich, aus den Grenzen und dem mir daraus zuwachsenden Maß heraus, mich angemessen in das Sein zu entfalten und das Sein zu entfalten. Jede Konfrontation mit der Ohnmacht ist ein Zeichen für das Mögliche. In der Handlungsunfähigkeit, der unausweichlichen Besinnung, der Zeit, Kraft zu schöpfen, erklingt der innere Appell, die eigenen Orientierungen zu erweitern bzw. zu verändern. Es ist der Appell zu wachsen. Das meint zunächst, die Bedingungen der Ohnmacht zu erkunden und sie auszuloten. Es meint, die alten Ziele, die alten Wege und die alten Blickweisen auf Probleme in Frage zu stellen. Dann scheinen durch die Bedingungen der Blockade die neuen Perspektiven immer schon durch. Jetzt hat die Ohnmacht begonnen, ihre schöpferischen Potentiale freizusetzen.

„Schlangen verschlingen kleine Vögel. Dies habe ich auf dem Weg nach Morvan gesehen. Die eingeringelte Schlange hob den Kopf über ihre klebrigen Ringe hinaus. Das gebannte Rotkehlchen hüpfte mit kleinen mechanischen Schritten an den Rachen der Schlange heran. Es hatte vergessen, dass es zwei Flügel hatte, und wusste nicht mehr, dass ihm die ganze Weite des Himmels offenstand." (Sullivan 1960, S. 105)

Jetzt erinnern wir uns an unsere Flügel. Und wir schwingen uns auf zu der Leichtigkeit, die wir vermögen, und in jene Höhen, die erreichbar sind. Albert Camus schreibt in seinem Essay über Don-Juanismus, dass die Traurigen zwei Gründe für ihre Trauer haben: Entweder sie leben in Unwissenheit oder sie hoffen. „Don Juan weiß, und er hofft nicht. Er erinnert an jene Artisten, die die Grenzen ihrer Möglichkeiten kennen, sie nie überschreiten und in diesem unsicheren Spielraum, auf den ihr Geist sich einstellt, über alle wunderbare, meisterliche Leichtigkeit verfügen. Und eben das kennzeichnet das Genie: die Klugheit, die ihre Grenzen kennt." (Camus 1998/1959, S. 75) Vielleicht sollte man ergänzen: ...die ihre Grenzen erfahren durfte.

Erst die Freiheit, die aus dem Bewusstsein der Grenzen und ihrer Annahme, aber eben auch den darin liegenden Möglichkeiten entsteht, macht Handeln wahrhaft ethisch – aus den mir zur Verfügung stehenden Potentialen heraus zu entscheiden und mich nicht hinter Bedingtheiten zu verstecken.

So gesehen, wird das Zugeständnis unserer Schwachheit und unserer Ohnmacht, ja, man kann durchaus sagen unsere Kapitulation, zur vielleicht entscheidenden Selbstfindung. Wir kommen bei uns an und lernen in unseren Kräften zu ruhen. Und dann entdecken wir, dass diese Kräfte nicht vereinzelt sind, sondern Teil eines unendlichen Kraftstromes, der jedes Leben umgibt. Dessen bin ich teilhaftig, daraus ziehe ich meine Lebensenergie. In dieses immer schon Vorhandene kann ich nun eintauchen und dabei vielleicht sogar lernen, manche der mir gegebenen und manchmal ja auch nur gegeben scheinenden Grenzen zu überwinden. Das ist die Dialektik der Ohnmacht. So bewahrheitet sich der zunächst paradox klingende Satz, dass, je tiefer der Mensch in Ohnmacht versetzt ist, desto mehr sich sein eigentliches Wesen enthüllt und desto klarer seine Größe und Schönheit sichtbar werden.

Sehnsucht – Kairos – Kontemplation

Göttliche Stimme und Führerin – Die reine Sehnsucht

„Aus unendlichen Sehnsüchten steigen endliche Taten
wie schwache Fontänen, die sich zeitig und zitternd neigen.
Aber, die sich uns sonst verschweigen,
unsere fröhlichen Kräfte – zeigen
sich in diesen tanzenden Tränen."
RAINER MARIA RILKE

So, wie ohne tiefe Sehnsucht nach dem Du jedes Liebesbegehren sich auf den Akt der Befriedigung fixiert und darin erschöpft, so lässt jedes Sehnen und Streben, das im Endlichen die Zielpunkte des Lebens markiert, sich an die Endlichkeit verlieren. In der Umklammerung des Endlichen und damit Vergänglichen werden beide austauschbar, das Gehaltene und der, der hält.

In der Sehnsucht lebt der Mensch in seiner stärksten Kraft und seinem wohl authentischsten Zustand. Die Sehnsucht führt ihn, wenn auch auf völlig unkalkulierbaren Wegen. Schon die antiken hellenistischen Denker lehrten, dass das Streben nach Erfüllung, die ewige Suche nach dem Tisch der Sehnsucht, die Triebkraft des Seins schlechthin sei. Doch diese Triebkraft hat Stufungen. Sie reicht von der Gottergriffenheit und einem Sich-ins-Paradies-nach-Hause-Sehnen über die bedingungslose Identifikation mit einem Ideal oder das

Sich-vollständig-Verlieren an eine geliebte Person bis hin zur Ausbeutung der Sehnsuchtskräfte. In dieser, wir können von sekundärer Sehnsucht sprechen, bewahrheitet sich, dass prinzipiell alle Ursprünge der Verfremdung unterliegen können …, wenn vor das Eigentliche sich das Anscheinende schiebt, die Erscheinung vorgibt, das Wesen zu sein und vor dem Licht das Irrlicht blendet. Die sekundäre Sehnsucht beherrscht unsere Zeit. Sie saugt die unerschöpflichen Kräfte des menschlichen Sehnsuchtspotentials auf, lenkt sie in Ströme der Ablenkung, des Vergessens und der Hoffnungslosigkeit. Gleichwohl wird auch sie getrieben von dem Durst nach der Andersartigkeit, dem Ungewöhnlichen und Neuen: Doch dieses erschöpft sich in dem, was der Mensch sich selbst bereitzustellen vermag bzw. was Dealer mit der Droge Sehnsucht ihm allenthalben anzubieten bemüht sind. Die sekundäre Sehnsucht täuscht wie eine Fata Morgana an den Quellen vorbei.

Die Sehnsucht hält in Bewegung. Sie zieht und treibt je nach Bewusstseinsstand auf die unterschiedlichsten Bühnen des Lebens, führt von freudig wahrgenommenem, hellem Licht ins undurchdringliche Dunkel. Sie ist der rote Faden in der Existenz, der Leuchtturm für den sich orientierenden Seemann, der Nordstern für den, der der Verlorenheit entrinnen will. In der Sehnsucht zu leben heißt, selbst im Schmerz des Noch-Nicht getragen und irgendwie verzaubert zu sein. Da immer, auch in der Verformungsweise eines profanen Wunsches, ein Absolutheitsdrang in ihr wohnt, existiert sie, Vergangenheit, Gegenwart und Zukunft transzendierend, als besondere Zeitform. Sie entwirft unablässig eigene Wirklichkeitsräume und diesbezügliche Wahrnehmungsweisen. Sehnsucht ist konsequente Realitätskritik, und sie schlägt Freiheitsnischen in jede blockierende oder versklavende Wirklichkeit. Dieser Freiheitsimpuls, auch wenn er manipulativ zu missbrauchen ist, quillt doch als Eigensinn immer wieder nach, solange das Bewusstsein dies zulässt und den Impuls selber ersehnt.

Der Freiheitssog, in den die Sehnsucht führt und in dem sie hält, führt an die Grenze der Subjektivität und deren Wahrnehmung. Sehnsucht will zum Überschreiten führen. Darin liegt sie nahe am Traum, dieser wohl ursprünglichsten Freiheitsbewegung des Menschen. Wie in der Sehnsucht enthüllt der Traum, gerade auch in seinen bedrängendsten und bedrohendsten Äußerungsformen, die Fesseln der Freiheit, in Verbindung mit dem Antrieb, sie zu sprengen. Der Traum stellt das Wesen des Menschen ins Licht, nämlich Gehaltener und Gezogener zu sein, ein Kind der Freiheit und der Vater der Beharrung und der Bindung. In diesem Beziehungsdrama bewegt sich der Traum auf die Seite des Kindes, bricht er mit aus Konventionen geborenen Kontinuitäten. Auch aus dem Traum ersteigen eigene Wirklichkeitsräume und Zeitdimensionen wie in der Sehnsucht, und es gehört zu den größten und verhängnisvollsten Irrtümern der Geistesgeschichte, diesem Sosein das Wirklichsein, das Realitätsein, abzusprechen. Letztlich entspringen doch aus dieser nichtentfremdeten Wirklichkeitsform, aus dieser sich uns immer wieder und immer wieder anders öffnenden Heimat die Quellen und der Farbenreichtum unserer Vorstellungskräfte. Im Tagtraum bewegen sich diese Kräfte in die Zielhorizonte des Alltags, nehmen sie die Gestalt des uns lebensweltlich Vertrauten an. Der Tagtraum führt auf den Weg des Wollens. In ihm verbinden sich Traum und Sehnsucht, ohne vollends eins zu werden. Der Tagtraum steht durch seinen lebensweltlichen Bezug auch der Tragik entgegen, die im tiefen Traum und in der reinen Sehnsucht immer präsent sind, nämlich an der gedeckten Tafel zu verhungern, weil ich das, was greifbar vor mir liegt, nicht mehr sehe.

In der Tiefe des Scheiterns liegen die Möglichkeiten des Werdens

Das Leben in der Sehnsucht zeichnet den Menschen als Menschen aus. Der Mensch wird Mensch erst durch die Sehnsucht. Durch sie wird er zu dem, was er ist – und vor allem zu dem, was er noch werden kann. Das Leben in der Sehnsucht schenkt Identität, die Identität, wachsen zu können. Ohne diese Erfahrung wartet nur die Erstarrung zum Ding unter Dingen und die Verstrickung in sinnlose bzw. selbstgenügsame Aktivitäten. Auf dem Erfahrungsweg der Sehnsucht drängt der Mensch über sich und seine Sesshaftigkeit hinaus. Das Verbleiben bei sich selbst, so, wie er es für sich erfuhr und kennen lernte, immer in Abgrenzung vom Anderen, dem mitmenschlichen und dem geschöpflichen Du insgesamt, erweist sich hier als entwicklungsphasenbezogen zwar verständlich, gleichwohl defizitär. Die wahre Menschheitsfülle und -tiefe wird nun sichtbar als Hingabe an das Größere und Höhere, als die dauerhafte Suche nach dem, was über die Grenzen des Ich hinausführt. War da nicht ein Urerlebnis hinter allen Erlebnissen? War da nicht, bevor wir Zweiheit wurden als Frau und Mann und Vielheit im Kosmos der Schöpfung, einmal Einheit? War da nicht, so wie im Leib der Mutter, eine „Paradies"-Erfahrung, die nach Suche und Wiedervereinigung ruft?

Wir spüren diese Ursprungserfahrung. Und auch, wenn sie in einem für den rationalen Geist verhüllten Raum liegt, verborgen und noch unentdeckt – durch die Augen der Seele gelangen wir zu der Gewissheit, keiner Täuschung zu unterliegen. Dieses Geheimnisvolle zieht uns unwiderstehlich an, aus ihm strömt der Zauber einer noch unbestimmten Verheißung, der offen gehaltenen größten Möglichkeit. Hier nun wird eines der Mysterien der Sehnsucht offenbar. Es ist die Offenheit im Raum des Unerfüllten, der Griff nach dem Schlüssel des Rätsels, das doch nie ganz enträtselt sein will. Es ist das Leben in der Spannung zwischen dem Schon-Jetzt und dem Noch-Nicht, und die Spannung selbst macht den Zauber aus, der stillhalten lässt im Verzaubertsein. Der Drang nach dem Fernen versetzt die Frage nach der Erreichbarkeit in den Hintergrund. Als zu entsagungsreich wurden die schmerzhaft erfahrenen Grenzlinien des Lebens wahrgenommen, als dass der Ruf nach Unterwegssein und Wandlung dadurch wesentlich und dauerhaft beeinflusst werden könnte, kurzfristige Ernüchterungen inbegriffen. Dem Zauber aus Grenzerfahrungen heraus verdankt auch, von Grenzüberschreitungen abgehalten zu werden, die nicht in die Nähe des großen Geheimnisses, sondern die des Abgrundes führen – des Abgrundes, der da Verabsolutierung und Vergöttlichung des Ich heißt.

Der Sehnsuchtsweg als Balanceakt zwischen dem Schon-Jetzt und dem Noch-Nicht macht angreifbar und verwundbar, zumal in einer Gesellschaft, deren Blicke von anderem angezogen werden als dem verhüllten Absoluten. Dieser Weg schenkt jedoch gegenüber den unzähligen, sich in der Beliebig- und Austauschbarkeit verlierenden Regungen der Welt auch Klarheit und Stärke. Er schärft den Blick für das Wesentliche. Einfachheit liegt auf dieser Strecke. Vergleiche werden unerheblich. Größer und kleiner stellen keine Kategorien dar. Erfolg und Misserfolg sind ein Windhauch. Der frühere UNO-Generalsekretär Dag Hammarskjöld schrieb im August 1959, kurz vor seinem gewaltsamen Tod, in sein Tagebuch:

„Einfachheit heißt, die Wirklichkeit nicht in Beziehung auf uns zu erleben, sondern in ihrer heiligen Unabhängigkeit. Einfachheit heißt sehen, urteilen und handeln von dem Punkt her, in welchem wir in uns selber ruhen. Wie vieles fällt da weg! Und wie fällt alles andere in die rechte Lage! Im Zentrum unseres Wesens ruhend, begegnen wir einer Welt, in der alles auf gleiche Art in sich ruht. Dadurch wird der Baum zu einem Mysterium, die Wolke zu einer Offenbarung und der Mensch zu einem Kosmos, dessen Reichtum wir nur in Bruchteilen erfassen." (Hammarskjöld 1965, S. 93 f.)

Solche Einfachheit birgt in sich grenzenlose Fülle. Einfachheit im Sehnsuchtsdrang schafft dem Wesentlichen Luft und befreit hinein in den Raum des Unbedingten und Absoluten, des Göttlichen. Und sie wirkt als Gegengift gegen die selbstzerstörerischen Irrwege der Sehnsucht, die in Todessehnsucht enden. Gnade ist sie, reine Gnade, wie die heilige Sehnsucht selbst. Sie kommt von daher, wohin sie führen will.

Die Sehnsucht bleibt auch in Epochen wie der gegenwärtigen, wo im Zuge gesellschaftlicher, kultureller und technologischer Beschleunigungen Orte beginnen, sich als Identifikationsstätten aufzulösen, Raum sich verliert durch Raumgewinn, Zeit als Zeit-Raum der Geborgenheit digitalisiert wird in ein Stakkato immer kürzerer Phasen. Hier wird die Sehnsucht zum vertrauten Lebensraum, erweist sie sich als Befreiung in einer Welt, die aus den Fugen geriet. Hier ermöglicht sie ein unverhaftetes Da-Sein im Kraftstrom der Zuwendung aus dem Unendlichen. Hier betritt der suchende und wachsende Mensch den unentfremdeten Heimatraum, in dem das unfassbare Du als Gegenüber in jeder, auch der extremsten Lebenssituation, wartet.

Die menschliche Sehnsucht als Resonanz der Sehnsucht des Göttlichen nach Begegnung

„Was du suchst, ist das, was sucht."
FRANZ VON ASSISI

Woher kommt des Menschen Sehnsucht, und wo zielt sie hin? Was zündete das Feuer an, das nie verlöschen will, weil seine Energiereserven unerschöpflich scheinen?

Die Sehnsucht des Menschen nach dem Absoluten, die selbst im profansten Begehren durchscheint, mag dem Menschen wohl ins Herz gelegt sein. Das Verlangen nach dem Göttlichen ist die in uns beheimatete Lebenskraft, sind wir doch bei aller uns prägenden Zeitlichkeit Geschöpfe des Göttlichen. Dass wir als bewusster Geist geschaffen sind, der sich auf das ausrichtet, was ihn transzendiert, lässt erahnen, dass es neben der Sehnsucht des Menschen nach Gott noch eine andere gibt, die wohl am Anfang stand: die Sehnsucht des Göttlichen nach dem Menschen, oder wie Augustinus es in seinen Bekenntnissen formuliert: Der Mensch sei die Sehnsucht Gottes, zu ihm hin geschaffen (vgl. Augustinus 1950, S. 31). In dieser Deutung klingt das wie der Ruf nach Hause zu kommen, die Länder, die dazwischen liegen, erkennend durchschreitend. Doch Menschen zögern leicht, lassen sich verunsichern, geben Bequemlichkeiten nach und richten sich dann schnell auf halber Wegstrecke im Vorläufigen und Bedingten selbstzufrieden ein, wenn auch im Letzten unerfüllt. So geht es wohl nicht anders mit uns, als dass aus dem göttlichen Raum Selbstmitteilungen die Sehnsucht wach und das Suchen am Leben halten. Dyonisius der Areopagite drückte das im frühen sechsten Jahrhundert in den Worten seiner Zeit so aus:

„Er macht jenseits von allem Begreifen seine Gegenwart deutlich, die über die geistigen Höhen seiner geheiligten Orte dahinschreitet. Und dann befreit er sich von allem Sichtbaren und Sehenden und versinkt in das Dunkel, das in Wahrheit mystisch ist, alles Wissbare hinter sich lassend." (zit. n. Ruhbach/Sudbrack 1989, S. 94 f.)

Im Sehnsuchtstrieb des Menschen bewegen sich beide Sehnsüchte, die des Göttlichen nach dem Menschen und die des Menschen nach dem Absoluten, aufeinander zu, ziehen sich gegenseitig an. Die unendliche Ferne wird so durch die Sehnsucht zur spürbaren Nähe, paradox und wunderbar geheimnishaft zugleich. Doch diese doppelte Sehnsucht als Sehnsucht des Lebens nach sich selbst und seinem Ursprung wäre nicht lebensfähig, könnte sie sich nicht selbst reflektieren, sich nicht selbst als Geist und durch den Geist erkennen. Dass Gott Geist sei, steht schon bei Johannes (4,24). Geist bewirkt den Sehnsuchtsimpuls als reflektierte Suchbewegung. Er konfrontiert aber auch mit der unweigerlichen Spannung zwischen dem Schon-Jetzt und dem Noch-Nicht; er spiegelt uns die Differenz zwischen dem ergriffenen Zipfel des Ewigen und dem Verbleiben in dieser Welt als Erdenbürger. Deren herausragende Bestimmung liegt, in der Sehnsucht als Resonanz manifestiert, darin, durch ihren bewussten und sich ausrichtenden Geist dem Ruf des Absoluten, des Göttlichen und des ganzen Kosmos eine Antwort zu geben und sich wechselseitig selbst darin zu erkennen.

Der Ruf, der meine Sehnsucht weckt, und die Antwort, die ich durch meine gelebte Sehnsucht gebe, stellen mich ins Verhältnis und in Beziehung. Sie mindern mich in meinen narzisstischen und selbstbezogenen Regungen und lassen mich wachsen durch die Öffnung zu dem Absoluten hin, als dessen Teil ich mich verstehen lerne. So hat die Sehnsucht also kein eigentliches Ziel, sondern ist es als vitaler Lebensimpuls selbst. Deshalb auch kennt sie kein Maß, kann sie durch keine Anstrengung ganz befriedigt werden. Deshalb sind Grenzen ihr nicht vorstellbar und nicht auferlegbar. Das Verlangen nach dem ganz Anderen, nach der blauen Blume hinter allen Horizonten, dem göttlichen Lichtstrahl aus der Tiefe des Universums, verlischt nicht wie ein Bedürfnis im Moment seiner Befriedigung. Der Sehnsüchtige behält immer Durst, so wie es bei Jesaja heißt:

„Meine Seele sehnt sich nach dir in der Nacht, auch mein Geist ist voll Sehnsucht nach dir." (26,9)

Und in einem hinduistischen Lehrsatz steht korrespondierend:

„Ist dir klar, dass, um das Ziel zu erreichen, du niemals das Ziel erreichen kannst?" (Baba Ram Dass)

Menschen wären nicht Menschen, würde sich nicht ihr Unendlichkeitsdrang, die sich streckende Bewegung hin zum Unbedingten, immer auch Identifikationsziele schon im Bedingten suchen. Die Liebe in ihren zahllosen Äußerungsformen steht dabei an erster Stelle. Und sie erhält schnell absoluten Charakter, wenn ich in dem geliebten Du und durch dieses Du hindurch den Atem des Göttlichen spüre, Täuschungen und Projektionen inbegriffen. Mit dem Scheitern oder dem Verlust auf dieser Ebene verbindet sich dann auch immer mehr, als der bloße Verstand fassen und verarbeiten kann. Die Verwundung, die der Mensch hier erleidet, blutet zeitlebens. Sie korrespondiert mit dem Leiden, das in jeder heiligen Sehnsucht steckt und wartet, wenn die Seele immer wieder spüren muss, dass sie selbst in den vom Verstand gezimmerten Grenzen ein

Hindernis auf dem Weg hin zur Vereinigung darstellt und die Sehnsucht gerade dadurch sich noch verstärkt. Gleichzeitig jedoch hält die Sehnsucht Trost, ja Heilung bereit. Sie liegen in dem fortwährenden Versprechen und der Anziehungskraft des Noch-Nicht, das diese Kraft nicht hätte, wäre es nicht – zumindest als Potentialität.

Die Sehnsucht übersteht die Verzweiflung

Der Weg der Sehnsucht erfordert Mut, und er widerstrebt jeder irdischen Vernunft. Es erfordert Mut und Ausdauer, die Sehnsucht und die durch sie ausgelösten Verwundungen und Infragestellungen des Selbst zu ertragen und sich nicht ausschließlich mit den Glücksgefühlen, die viele Momente bereitzuhalten in der Lage sind, zu bescheiden. Sehnsucht und erkennendes Wachsen benötigen einander wie das Ich das Du. Beide verbindet, dass sie aufeinander verwiesen sind in einem Prozess der kontinuierlichen Veränderung und der gegenseitigen Ermöglichung – so, wie das für jede Beziehung und Partnerschaft gilt, die diesen Namen verdient.

Der Weg der Sehnsucht erfordert Mut und Vertrauen, weil die Wegstrecke immer wieder auch durch die Dunkelheit der Nacht und des Nichterkennens führt, vorbei an Bedrohungen und auch Zerstörungen. Das Vertrauen benötigt der Gehende, um in der Gewissheit zu bleiben, dass die Nacht zugleich der Schoß des Numinosen ist. Er darf, vom sonnenüberfluteten Hügel her kommend, den dunklen Wald nicht meiden. Den Ursprung, die Quelle und die Tiefe des Lichts zu spüren und zu erkennen braucht den Gang durch die Ganzheit der Existenz, selbst wenn die Schritte in das Dunkle etwas zu zerstören scheinen, das noch keine wirkliche Chance hatte, in die Verwirklichung zu treten. Vielleicht benötigte es ja gerade jetzt diesen Licht- und Erfahrungswechsel, um aus einer bloßen Möglichkeit zur Wahrscheinlichkeit zu wachsen. Im Prozess dieser Mutation bleibt die Sehnsucht die rufende und führende Stimme. Sie verstummt nicht.

In der Sehnsucht bricht der Mensch mit dem Zustand, von seiner wahren Tiefe und der kosmischen Verbundenheit tragisch entfremdet zu sein. Er gibt dem ewig Utopischen in sich Raum und erschließt seine ergiebigste Quelle, die Unendlichkeitsdynamik. Er sprengt die durch ihn selbst verantwortete Enge der an sich grenzenlosen Seele und verschafft sich dadurch den Zugang zum „Himmel". Er entweicht nicht dem Scheitern, dem Leiden und der Verzweiflung und verdrängt diese nicht, aber er lässt sich durch sie auch nicht mehr lähmen. Das Rotkehlchen erinnert sich seiner Flügel und wird für eine Zeitlang zum Adler.

Wenn das Ewige
das Zeitliche berührt –
Der Kairos als Befreiung

Die Sehnsucht liegt zwischen dem Erhofften/Erahnten und dem Erreichten bzw. der momentanen Befindlichkeit. Sie reibt sich an den Grenzen, die uns Menschen umgeben, und an der Endlichkeit, zu der wir bestimmt sind. Das stellt sie in ein besonderes Verhältnis zum Raum, vor allem aber zur Zeit. Wir denken, fühlen, handeln und erleben in zeitlichen Abläufen. Erwartungen und Hoffnungen treten uns in zeitlichen Dimensionen gegenüber. Und selbst das Unendlichkeitsstreben und der Sehnsuchtsdrang liegen auf der Linie der Zeit. In zeitlicher Herausforderung stehen alles Woher und alles Wohin. Es wurde im Verlauf des Werdens der Gattung Mensch selbstverständlich, Vergangenes von Gegenwärtigem und Zukünftigem zu scheiden und auf diese drei Zeitdimensionen die Weltbilder zu projizieren. Aber macht das wirklich Sinn? Aurelius Augustinus warf in seinen „Bekenntnissen" diese Frage auf und stellte in Abrede, dass es Vergangenheit, Gegenwart und Zukunft gebe. Die drei Zeiten könnten vielmehr nur als verschiedene Weisen des Erlebens von Gegenwart gesehen werden. Denn leben, wahrnehmen und denken, hoffen und fürchten können wir immer nur im Jetzt. „Gegenwart des Vergangenen ist die Erinnerung, Gegenwart des Gegenwärtigen die Anschauung. Gegenwart des Zukünftigen die Erwartung." (Augustinus 1950, S. 318) Die vor uns liegende Zeitstrecke sei von daher auch nicht unbedingt lang, sondern es sei allenfalls eine lange Erwartung der Zukunft, genau wie die vergangene Zeit lediglich eine lange Erinnerung an das Vergangene. Die Frage nach der Zeit Gottes, nach dem Beginn der Schöpfung und dem Ende aller Tage – für Augustinus „törichtes Gerede". Denn Gott zeichne seine Zeitüberlegenheit aus, das Jenseitssein von Davor und Danach. Er selbst sah sich „zerflossen in den Zeiten" (ebenda, S. 329), in einer unbekannten Ordnung. Doch so töricht sind die Fragen nach dem Vergangenen und dem Kommenden nicht, bringen sie uns als wahrhafte Grenzfragen doch im Denken in Berührung mit dem Absoluten, eröffnen sie uns den Unendlichkeitsraum. Das jenseits aller Zeit in der Sehnsuchtstiefe Liegende wird durch die Wahrnehmung der begrenzten Zeiten erst bewusst. Und aus dieser Wahrnehmung entspringen alle Ursprungs- und Zukunftsfragen. Sehnsucht zu denken und in Sehnsucht zu leben heißt, in Kategorien der Zeit zu denken, und sei es auch dadurch, gerade über sie hinaus zu denken, sich von ihr zu lösen, in Ewigkeit hinein.

Die als schmerzhaft empfundene Begrenzung in der Zeit und durch die Zeit und die mit der gemessenen Zeit, der Chronos-Zeit, immer einhergehende Versklavung kann durchdrungen und aufgehoben werden. Das Zeitverständnis, vor allem aber das Zeiterleben, das dies ermöglicht, trägt den griechischen Namen Kairos (vgl. Eurich 1996, S. 55–91). Der Kairos drückt qualitative Zeit aus, ein inhalts- und bedeutungsvolles Moment. Er verweist auf die besondere Zeit, die besondere Begebenheit, den rechten Ort und den günstigen Augenblick. Räumliche, temporale und sachliche Bedeutung fallen entscheidungsbezogen zusammen. In ihm verbirgt sich epochal, aber eben auch personal ein entscheidendes Geschichtsmoment, die Sinndeutung des Gegenwartshandelns.

Andere Zeitformen vermögen sich zu entscheidenden Wendepunkten zu verdichten, und so kann der Kairos trotz seiner Zeitlichkeit verstanden werden als eine die Zeit transzendierende, überzeitliche Rechtzeitigkeit.

In jedem Augenblick beginnt ein neues Sein

Zeit ist Differenz, Unterschiedlichkeit, Auftauchen von Anderem. Jeder Augenblick hält dieses Andere bereit. Es ist eine Sache der Wahrnehmung. Und an ihr hängt in der Folge die Erkenntnis, dass jeder Moment ein neues Sein potentiell in sich birgt. Es scheint in ihm auf als möglicher Bruch mit dem Bestehenden und Gewordenen als ein Über-sich-hinaus-Gehen. In dieser Transzendenz überwindet ein Mensch die Felder des Vergangenen, die oft mit der Potentialität so stark verklebt sind, dass diese sich nicht lösen kann. Ohne die Erinnerung zu verlieren, vergisst er die Blockaden, in die er sich gestellt sah, und entwirft sich neu. „Positiver ekstatischer Modus der Gewesenheit", sagt Martin Heidegger dazu (vgl. Heidegger 1977, S. 448 f.). Und Meister Eckehart spricht davon, dass Gott, wie er dich findet, „so nimmt und empfängt er dich, nicht als das, was du gewesen, sondern als das, was du jetzt bist." Denn „Gott ist ein Gott der Gegenwart." (Eckehart 1979, S. 72) Hier zählt nicht die Frage, woher die Chancen des Augenblicks kommen. Es zählt alleine, sie zu nutzen, mit aller Kraft, die im Augenblick liegt.

Die menschliche Atmosphäre ist ständig von kairoshaltiger Luft umgeben. Und wer dies wahrnimmt, der kann nicht anders, als jeden Gedanken von sich zu weisen, der von vorbestimmter Erwählung oder Verworfenheit des Menschen handelt; auch wenn wir dem Nachhall des von uns selbst Verursachten und Verschuldeten selbstredend nicht ausweichen können. Doch letztlich existiert nichts, das nicht den an sich berührbaren Kern der Befreiung durch freie Entscheidung in sich trägt. Jede Person ist einmalig, gestellt in Zeit und Geschichte und mit der Verantwortung beschenkt, dass das, was sie nicht tut, so sonst niemand tut. An dieser Stelle endet auch jede absolute Geschichtsphilosophie, sei sie konservativ oder revolutionär, die im Korsett ihrer Determinismen die Potentialität des Augenblicks aufzulösen versucht (vgl. Tillich 1963, S. 12 f.). Die Zeit vom Kairos her, vom Augenblick her zu betrachten, heißt, sie im schlechthin Bedeutungsvollen zu betrachten. Und so mag es sogar sein, wie Theodor Adorno in seiner Ästhetischen Theorie vermutet, dass „das Ganze in Wahrheit um der Teile, nämlich seines Kairos, des Augenblicks wegen da ist, nicht umgekehrt." (Adorno 1981, S. 279)

Die Chronos-Zeit fließt in Sekunden, Minuten, Stunden, Tagen und Jahrhunderten endlos weiter. Die Gestirne geben ihr das Maß, im Verhältnis zueinander und zu unserem Planeten. Auch wenn alles sich wandelt im Strom der Zeit, für Tag und Nacht, Morgen und Abend, die Sonnenwende und den Jahreswechsel, besteht das Sein aus Wiederholungen. Die damit verbundene Berechenbarkeit gibt dem menschlichen Sein entscheidende Orientierungshilfen, doch sie beengt ihn auch – im Sehen, Urteilen und Handeln. Von den Beobachtungen natürlicher Abläufe her gekommen, hat sich die Chronos-, die Uhr-Zeit zum herrschenden und beherrschenden Lebensgestalter des modernen Menschen entwickelt. Der Kairos tritt demgegenüber als Chance und Herausforderung in die Existenz, stößt an, zur rechten Zeit zu handeln. Da er nicht gemessen werden kann, bedarf seine Wahrnehmung anderer Indikatoren. Sie hängt ab von der auf das Jetzt ausgerichteten Bewusstheit, der inneren Wachheit und Achtsamkeit. Der Kairos wird durchlebt, im Kopf und im Gefühl, in der Empfindung, im Traum und durch Intuition. Das schenkt ihm seine Einzigartigkeit, von der nur sprechen kann, der in dieser Erfahrung stand und die Erschütterungen spürte. Das umgibt ihn auch mit jener Autorität, die durch keine noch so logische und rationale Argumentation zu widerlegen ist.

Kairos-Erfahrung durchbricht stetige Bewegung. Vergangenheit und Zukunft lösen sich als voneinander Getrenntes auf, werden durchlässig füreinander. Den Bruch ermöglicht der Blitzstrahl, den wir Intuition nennen. In der Intuition verbinden sich in überzeitlicher Wesensschau alle Zeitlinien zur Gleichzeitigkeit. Die mit ihr verbundene Erfahrung entzieht sich der weltlichen Klugheit, inklusive der dort allgemein respektierten begrifflichen und sprachlichen Zugänge. Kierkegaard spricht in diesem Zusammenhang von der unendlichen Differenz zwischen der inneren Erfahrungsgewissheit und der Sagbarkeit (vgl. Kierkegaard 1959, S. 326 f.). Für Henri Bergson existierte sie als metaphysisch gegebene Erlebniszeit, als Versuch, die wahre Dauer wieder zu finden und das Wesen der Wirklichkeit. „Für die Intuition ist die Veränderung das Wesentliche, was das Ding angeht, wie es der Verstand auffasst, so ist es nur ein Querschnitt im Fluss des Werdens, den unser Geist als Ersatz für das Ganze genommen hat … Intuition, mit einer Dauer verbunden, bedeutet inneres Wachstum, sie gewahrt in ihr eine unterbrochene Kontinuität von unvorhersehbarer Neuheit." (Bergson 1948, S. 47)

Sein als vom Zwang des Zeitlichen befreite Energie

Der Kairos ruht nicht in den Gegebenheiten und der Normalität. Wie ein Meteor schlägt er aus der Dimension des Ewigen in das Zeitliche ein. Die Kraft, die damit verbunden ist, wirkt sich gleichwohl so radikal auf die Gegebenheiten und die Umstände aus, dass man meinen könnte, sie sei aus ihnen geboren. Für den Menschen, der gelernt hat, sein Sein als Unterwegssein zu verstehen und zu leben, wird die Kairos-Kraft zum ständigen Wegbegleiter. Entsprechend gibt das Noch-Nicht die Richtung vor. Tritt der Kairos zwar auch immer in einem Augenblick ans Licht, so transzendiert der Wegcharakter doch zugleich jede Absolutsetzung des Jetzt.

Das rechte Handeln zur rechten Zeit geschieht aus der Reife. In der Zeit bereitet sich wachsend vor, was später seinen momenthaften Durchbruch erzielt. Und so gehört zur Bedeutung und zum Erkennen des Kairos, dass es oft zahlreiche kleine Schritte waren und sind, die sein Kommen vorbereitet bzw. seine Annahme ermöglicht haben. Für diese kleinen Schritte, diese kleinen Kairoi, ist es existentiell, den inneren Zusammenhang zu erkennen, in dem sie stehen. Dann kann aus dieser Gesamtschau die sinnvolle Linie eines größeren Heilsgeschehens sichtbar werden. Auch den vorbereitenden Momenten gebührt somit eine grundlegende Bedeutung. Sie halten das erhoffte Noch-Nicht in der Sphäre des Möglichen. Werden sie jedoch übersehen oder bleiben sie unerkannt als Zeichen, die gelesen werden wollten, so mutieren sie zu Hürden, die sich auch dem Erkennen des Kairos entgegenstellen.

Kairos-Momente sind unverfügbar. Werden sie im Falle ihres Kommens aber nicht wahrgenommen, dann bringt keine

Zeit der Welt sie je zurück. Unerwartet also, wenn auch vorbereitet in der Zeit, tritt der Kairos ans Licht. Er kreuzt und durchkreuzt unsere Zeitpläne. Er durchbricht die Linearität des Lebens, die sich ja auch in dem ununterbrochenen Verhältnis der Augenblicke untereinander äußert, und die damit verbundenen „Sicherheiten". So wie große historische Stunden birgt jeder Augenblick seine Chance. Doch sie ist von flüchtiger Dauer. Und es gibt zahlreiche Kräfte und wahrhaft dämonische Strukturen, die sich immer wieder so machtvoll vor unser Erkennen schieben, dass der Stern, der mir geschickt war, ungesehen oder unerkannt verglüht.

Durch den Kairos und im Kairos wird dem Menschen die Überwindung der Zeit innerhalb des Gegebenen möglich. Das Unbedingte tritt ihm im Bedingten gegenüber. In diesem Lichtstrahl leuchtet die eigentliche Wirklichkeit auf, wird alles sich im Endlichen Ereignende relativiert, vor allem auch der Schmerz und das Leiden und die Unausweichlichkeit des Scheiterns. Diese Relativierung und das, was sie an Umkehr im Menschen bewirkt, werden unumkehrbar. Das Leben erhält eine neue Richtung, bisherige Vorstellungen und Erwartungen werden korrigiert, oft selbst die heiligsten. Umkehrerfahrung orientiert um, sie bestätigt nicht. Wenig kann ihr standhalten, keine Position für sich in Anspruch nehmen, unverrückbar zu sein. Alltagsdinge erstrahlen in neuem Glanz.

Im Kairos wird das Zeitliche durch das Ewige berührt. Martin Buber hat dafür die schöne Umschreibung gefunden: „Der Augenblick ist Gottes Gewand." Auf Ahnung nur erscheint er und in blitzschnellem Erkennen lässt er sich gewahr werden. Durch die Berührung aus dem Raum der Transzendenz aber wird dieser Augenblick zu einem Stück empfundener Ewigkeit, schenkt er Ewigkeit und Zeiterfüllung, wenn auch nicht als Zustand, so doch als Erfahrung. Flüchtig nur bist du berührt worden, aber du weißt, du hast dich nicht getäuscht. Die unablässig dahinströmende Zeit steht still. Jetzt ist der Mensch in das Verhältnis zum Göttlichen gerückt, kann er das Geworfensein auf sich selbst durchbrechen. Jetzt befindet er sich, wo er als Werdender und Wachsender seinen Platz hat: Im Schnittpunkt des Kreuzes zwischen horizontal und vertikal, zwischen Hier und Jetzt und transzendenter Ausrichtung, wo Bedingtes und Unbedingtes sich kreuzen und verbinden. Es ist der Punkt, wo das Feuer brennt.

Der Kairos muss von der Ewigkeit her verstanden und daraufhin gedeutet werden. Das kairosbestimmte Handeln erfährt Führung aus und für eine Welt, die kommt: in der Gegenwart, aber nicht bloß für sie. Ewigkeitsbezug ist zu kostbar, als dass er sich im geschäftigen Tun immer nur für den nackten Moment verlieren dürfte. Emmanuel Lévinas schreibt dazu: „Es liegt Vulgarität und Niedrigkeit in einer Handlung, die nur für den unmittelbaren Augenblick gedacht ist, das heißt aber, letzten Endes nur für unser Leben. Und es liegt ein sehr großer Adel in der vom Zwang der Gegenwart befreiten Energie." (Lévinas 1989, S. 37)

Mit der Kraft des Kairos kann jedes Schicksal sich entscheiden, kann der Aufstieg aus jedem dunklen Schattenreich gelingen. Sich der Zeit mit den Augen des Kairos zuzuwenden, bedeutet dann aber auch, sich auf Entscheidungserfordernisse auszurichten und sich in die entsprechende Verantwortung zu stellen (vgl. Tillich 1963, S. 33 ff.). Nun wird jeder Herzschlag wichtig für das Wachstum des Menschen. Und jede Zeit ruft nach Vollendung. Leben, das sich nicht als verschenkt entmündigen will, ruft nach Selbsterzeugung und Veränderung. Es ruft danach, wach zu sein und sich offen zu halten für die letzten Dinge, die jeden Tag neu auf uns zukommen – als jene mit einem Zauber versehenen Stunden und Sekunden. Das ist der Zauber, der das Zerbrochene überwindet, der Wunden schließt und heilt und der aus der erdrückenden Ohnmacht in die Gestaltung führt.

Reinigung und Wachstum –
Das erfüllte Schweigen

Die wache, achtsame und dankbare Begegnung mit dem mystischen Zauber, der zu heilen vermag, bedarf des geschützten Raumes. Im Schweigen, in der Kontemplation wächst dieser Raum in uns, um uns herum und über uns hinaus. Vor dem verwundenden Außen schirmt dieser Raum uns ab, nach innen lässt er heilende Energien zu, im Innen erweckt er Hingabe und Selbstheilungskräfte. Krisen bedürfen der Einkehr, und das erkennende und erwachende Leben, genau wie das Sein des Mystikers, befinden sich in Krisis als Dauerzustand. Das Wachstum, in das wir als Sinn des Seins gestellt sind, zieht fortwährend Energien und leert die Zisternen, die im Schweigen sich wieder füllen.

Der uns im Alltag so leicht entgleitenden geistigen Welt nähern wir uns im Schweigen wieder an und tauchen in sie hinein. Hier werden die Augenblicke geboren, in denen das Ewige aufscheint. Und mit diesem Emporsteigen des Numinosen legen wir die Gewänder und Masken ab, mit denen wir uns auf der so genannten Bühne des Lebens bewegen. Die äußeren Attribute, die so viel an Lebenszeit und Energie für sich fordern, und die Tyranneien der Gewohnheit, die jede Veräußerlichung mit sich bringt – sie verlieren hier ihre Geltung und ihre Macht. Regelhaftes und regelkonformes Verhalten muss die Selbstverständlichkeit seiner Begründung aufgeben. Die Ablenkungen, derer das sich selbst ausweichende Leben bedarf, und die Langeweile, die einsetzt, wenn ihr Reiz ermüdet, lösen sich im Heimatraum des Schweigens als Täuschung und Verkennen auf. Vor allem auch gewinnen Worte, ja das Sprechen an sich ihre tiefe Bedeutung und ihre kommunikative Potentialität erst aus der Stille, aus dem bewussten Aussetzen alles Gesagten, ja des sprachlichen Denkens selbst. Hier reinigen sich die durch den flüchtigen Alltagsgebrauch abgegriffenen und oft verklebten Worte hin zu ihrer wesenhaften Bedeutung. Der bis zur Unkenntlichkeit gedehnte und seiner Befugnis enthobene Begriff sieht sich entsühnt. Das Sagbare als Quelle aller Missverständnisse, Täuschungen und Enttäuschungen nimmt sich absichtslos zurück, entgleitet seiner Form, um neu komponiert werden zu können.

Und so wird das Schweigen zu einer eigenen Sprache, bedeutungsvoll und unverstellt. Es erscheint jetzt wie der scheinbar leere Raum des Universums, der die Sonnen und Planeten trägt und ihnen Bewegungsraum verschafft. Will ich einen Menschen verstehen, muss ich sein Schweigen verstehen, den Hintergrund für die Gedanken als Geburtsstationen alles Zukünftigen, nicht nur des Gesagten. Ich muss sein Schweigen verstehen, denn im Schweigen wird er immer wieder enden als dem Ort der letzten Bedeutungen, die sich der Sprache oder der Sagbarkeit entziehen – nicht erst im Tod, sondern schon an jenen unzähligen Wegstationen vorher, die Loslassen, Abschied und innere Wandlung erfordern. Ich muss sein Schweigen verstehen als die Raumzeit, in der er sich selbst und dem, was ihn trägt, begegnet, wo er die Möglichkeit hat, sich zu erkennen, sich anzunehmen und zu lieben – das, was man das eigene Schicksal nennt, inbegriffen.

Solches Schweigen umgibt das aus ihm geborene und befugte Wort mit einer Aura, die es in Resonanz hält mit dem numinosen Feld, aus dem es entstand. Das sind die Worte, die erschüttern und die heilen können. Das ist der in Sprache gefasste Ton, der in kairoshaltiger Zeit eine unabsehbare Wirkkraft entfaltet (vgl. Baden 1952, S. 166 ff.). Die Sprache entdeckt sich neu und gewinnt sich zurück als Medium zwischen den Mysterien des Seins und der so genannten Alltagswelt. Zwar werden immer die Dinge bleiben, die wir wohl erfahren, aber nicht sagen können. Zwar gibt es also immer die Differenz zwischen der Erfahrungstiefe, der aus ihr resultierenden Gewissheit und der Sagbarkeit; doch die aus dem Erfahrungsraum des Schweigens in den Klang tretende Sprache verschiebt die Barrieren schrittweise, und sie entgrenzt.

In der kontemplativen Zuwendung und Ausrichtung reinigt sich das innere Auge der Seele. Ihm tritt alle Wirklichkeit klarer und schärfer gegenüber. Was das Denken kategorial und wertend, einengend und fixierend kolonialisiert, wird im Schweigen von Geist und Seele abgestreift. Es wächst eine Fähigkeit, die wir aus Kindertagen kennen, neu, die Fähigkeit, bar jedes Erkenntnisbegriffs zu staunen. Es entsteht Ehrfurcht in größter Tiefe neu. Und es findet sich eine Gelassenheit hinsichtlich der Unmöglichkeit, alles zu begreifen, die Gelassenheit gegenüber den letzten Geheimnissen des Universums. In neuer Unschuld betritt der äußerlich und innerlich schweigende Mensch den Raum der Schöpfung, sein Selbst inbegriffen. Wie das Licht zur Dunkelheit verhält sich das kontemplative, das dem Göttlichen zugewandte Schweigen zu allen äußeren Darbietungen des Seins. So, wie das Licht erst angesichts der Erfahrung der Dunkelheit das Eigentliche enthüllt, so gelangen aus der Erfahrung des Schweigens und der Begegnung im Raum spiritueller Sehnsucht alle mit den äußeren Sinnen wahrnehmbaren Wesenheiten erst zu ihrer ganzen Wesensfülle. Die sinnliche Wahrnehmung wird

von scheinbar eindeutigen Zuordnungen entlastet, von Grenz-
ziehungen, die ein begrenztes Weltbild in einem begrenzten
Geist zieht und vielleicht immer wieder ziehen muss, um sich
nicht selbst zu verlieren. Nun stehen wir der Welt nicht mehr
gegenüber, jetzt erkennen und fühlen wir uns als teilhaftig.
Die universale Verbundenheit wird sicht- und spürbar und,
dass nichts in ihr, kein Gedanke, keine Regung, kein Wort
und keine Tat folgenlos bleiben. An diesem Punkt stehen wir
in der Erkenntnis, die es ohne Verwundbarkeit nicht gibt.
Ohne diese Verwundbarkeit in einer unerlösten Welt würde
unsere Seele erkalten und das innere Auge erstarren. Wir
verlören die Durchlässigkeit für all das, was Leben anderem
Leben anzutun in der Lage ist.

Das Endliche übersteigen

Im erfüllten Schweigen sticht kein Defizit. Es genügt sich
selbst und beklagt keinen Mangel. Das ganz in sich, sein
Staunen und seine Traumbilder versunkene kleine Kind, die
Liebenden, deren Berührung durch die Augen keines Wor-
tes mehr bedarf, sie schwingen in einer Resonanz des inneren Glücks. Beide, das Kind und die Liebenden, sind einer
Wirklichkeit teilhaftig, die sich in ihnen entfaltet und sie
zugleich übersteigt. Vor dieser Wirklichkeit verstummt die
Sprache, weil sie sie nicht umgreifen kann. Und jedes Wort
bliebe schwach und blass und käme immer nur zu spät. Verstehen kann in diesem Augenblick nur noch das Herz. Vom
Blutstrom göttlicher Eros- und Schöpfungskraft durchströmt,
fühlt es für einen Moment die ganze Welt in sich pulsieren.
Ihr unbegrenzter Reichtum entfaltet sich und blüht kurz auf,
von Worten nicht gestört. Das meint: Hören. In diesem Hören

beklagen wir nicht mehr Gottes Schweigen, das doch immer nur an unserer Unfähigkeit zum Hören lag. Wir stehen nun am Rand der ewigen Stille und erahnen jenseits der Logik ihre grenzenlose Ausdruckskraft. An diesem Punkt, oder besser, in diesem Feld entdecken und erfahren wir uns als Person und Kosmos neu, und wir stellen uns in eine neue Beziehung bezüglich des Umgangs mit uns selbst und mit der Welt, die uns umgibt und derer wir teilhaftig sind. Diese Erfahrung erschließt sich nicht durch Wollen und durch Planen, nicht durch ungestümes Voraneilen, nicht durch unruhige Erwartungshaltung, vor allem sich selbst gegenüber. Sie wartet hinter der Demut und sie findet sich in der Hingabe.

In der Tiefe solchen Schweigens üben wir uns darin, fernab unserer Ansprüche, unserer Erwartungen und unserer Projektionen zu enden. Dieses Enden ist ein Ankommen, in Berührung mit dem Ewigen. Auch wenn es selbst nicht ewig ist, scheint in ihm die Ewigkeit durch den kairoshaltigen Moment hindurch. In der Tiefe des Schweigens richten wir uns aus auf das uns Übersteigende, dessen Teil wir zugleich doch auch selber sind. Hier entstehen die Orientierungen für unser Wachsen und wir richten uns auf zu dem, was wir sein können. Zumindest aber spüren wir die Potentialität.

Jetzt fallen Trennungen, etwa zwischen Leid und Glück, lösen scheinbare Widersprüche sich auf, wächst Einheitserfahrung. Es bildet sich Bewusstsein von der Ganzheit des Seins und der Ganzheit des Schicksals in der Ganzheit des Menschen. Vergleiche und Aufrechnungen tragen hier nicht mehr. In alter Sprache würde man sagen, dass der Mensch geborgen in Gottes Hand liegt, herausgenommen aus den Stürmen der Welt, herausgenommen auch aus den Verkennungen, die seinem Ego entwachsen sind. Vielleicht lässt sich so, in diesem mütterlichen Angenommensein, das keiner Begründung und keiner Rechtfertigungen mehr bedarf, sogar jene letzte, metaphysische Einsamkeit überwinden, die allem bewussten Endlichen beigegeben ist. Du kommst zu Hause an, momenthaft immer nur, aber wer das Feld einmal betreten hat, findet wieder zurück.

Der Weg in die Stille, in jenes fraglose Schweigen, erfordert Mut, Selbstüberwindung und Vertrauen. Vor allem dann, wenn es aus der Angst heraus oder dem Verzweifeln an der Welt geschieht. Es braucht Größe, gerade dann, wenn alles nach Antwort im Menschen schreit, sich aus dem Diskurs und dem Hadern mit den Läufen des Soseins herauszubegeben und hinein in das bedingungslose Hören. Dieser weite Sprung ist nur demjenigen möglich, der die Gewissheit transzendenter Wirklichkeit in sich trägt. Ihm bleibt es dann auch vorbehalten, die Welt mit vorbehaltlosen Augen zu sehen. Und zugleich begegnet ihm die Ahnung von der ewigen Wirklichkeit des Göttlichen, aus der ja der rechte Blick für das Diesseits sich nährt.

Der Sprung in die Stille gleicht gelegentlich einem Sprung in den Abgrund. Alles schweigt. Nur eines wächst: Die Sehnsucht. Es ist jene heilige Sehnsucht, die im Hier und Jetzt nicht mehr gestillt werden kann. Sie kommt von dorther, wo Worte nicht mehr reichen und wo es auch keiner Worte mehr bedarf. Gesegnet die, die sich darin nicht verzehren und die die Falle umgehen, das Streben nach dem Unbedingten auf Bedingtes zu projizieren. Sie halten sich offen für neue Wahrnehmungen, offen für das Zukünftige, offen für den noch verhüllten Raum des Ungeborenen, das auf Verwirklichung wartet. Und wenn sie rasten auf ihrem Weg durch das Universum, wird die Stille zur Quelle, die der Seele Nahrung gibt und frische Lebensenergie.

Es sind die alltäglichen Pendelbewegungen von Immanenz und Transzendenz, von Aktion und Kontemplation, von den sich ergänzenden und gegenseitig durchdringenden Intervallen von Wissen und ehrfurchtsvollem Schweigen, die aus der Bindung an das Vergängliche ins Überzeitliche holen. Sehnsucht, Kairos und das Schweigen – sie sind eins, werden eins in der Stille. Sie pulsieren mit dem Pulsschlag der Unendlichkeit. Für den Moment werden wir befreit aus dem ansonsten zeitlebens unentrinnbaren Zeitschicksal, haben wir Teil an der nur in der Stille erfahrbaren Unsterblichkeit. Hier widerstehen wir Chronos und sind in einem Jetzt, für das es kein Früher oder Später gibt, sondern nur Unmittelbarkeit, die alles enthält und in der alles sich zeigen kann. Das Göttliche wird spürbar als „Gott der Gegenwart", der uns nimmt, wie er uns im Schweigen findet. Aus dieser Erfahrung heraus erhält auch die immer wieder folgende „profane" Stunde neues Gewicht – als Lebensstunde, die für das Ganze zu stehen vermag.

Vom Sein zum Werden

Wir entwerfen uns selbst

Die Sehnsucht stellt den Menschen in den seiner Potentialität und seinem Unendlichkeitsdrang angemessenen Bezugs- und Orientierungshorizont. In der Zeiterfahrung des Kairos leuchtet auf, dass jeder Augenblick die grundsätzliche Tiefe zur Ermöglichung und Verwirklichung enthält. In der Kontemplation entgegenständlicht sich die Sehnsucht, und Ewigkeitsbezug durchdringt die Zeitwahrnehmung.

Sehnsucht, Kairos und Kontemplation werden zur trinitarischen Wegbegleitung auf dem Weg des Wachsens und des Werdens. Sie halten mit ihrem Wechselspiel im Jetzt und in der Bodenhaftung, ohne den Nordstern aus den Augen zu verlieren. Wir leben und erhalten das gegebene Leben, aber im Bezugspunkt auf das mögliche Selbst. So entsteht und regeneriert sich Sinn. In dieser Ausrichtung nehmen wir den menschlichen Grundauftrag an, den Sinn des Weltgeschehens für uns selbst und über uns hinaus selbst zu schaffen (vgl. Merleau-Ponty 1968, S. 33).

An dieser Stelle nun relativiert sich das, was man den „Zufall" nennt, und es tritt mehr und mehr hervor, dass wir selber sind, was uns zufällt (Nietzsche). Werden können wir immer auch nur das, was wir selber sind, die Restkategorien des Numinosen, des Unerklärlichen, der Gnade und des Wunders gleichwohl mitbedacht. Das Werden allerdings hat selten freie Bahn. Von zu großer Dichte sind die kulturellen und sozialen Netzwerke, in denen wir uns positioniert haben. Mit den Rollenanforderungen, den Erwartungen und Erwartungserwartungen auf nahezu allen Ebenen des Miteinanders stehen wir in einem Geflecht von Strukturen und Funktionen, die es der Person untersagen, sich als Souverän zu stilisieren. Die Möglichkeiten liegen zwischen Heteronomie und Autonomie und erwachsen aus deren Wechselspiel. Das mag dem, der sich in absolut gesetzter und egozentrischer Freiheit im Aufbruch zu sich selbst befindet, eine narzisstische Kränkung sein. Demjenigen jedoch, der nicht nur für sich selber geht, ist es Erinnerung an seine Eingebundenheit und seine Mitverantwortung. Und es zeigt ihm an der Grenze seiner Selbstermöglichung die Entgrenzungen, in denen er immer schon lebt als Teil eines größeren Ganzen – naturhaft, sozial und kulturell. Zu werden bedeutet somit vom ersten bis zum letzten Schritt immer, im Rahmen meines In-die-Welt-gestellt-Seins die eigenen Möglichkeiten zu erkennen und sie als Ermöglichungen zu schaffen. Der Mensch hat seine größeren Möglichkeiten immer noch vor sich, personal und in dem globalen Feld des Metamenschen, der Menschheitsfamilie insgesamt. Möglichkeiten und Ermöglichungen stehen in unbegrenzter Zahl zur Verfügung. Die Möglichkeit ist die Nahrung für den Grundsatz des Seins, dass bewusstes Leben sich steigern will und steigern muss. Und Lebenssteigerung heißt Verfeinerung. Die Möglichkeiten schenken dem Menschen Flügel, die ihn nahezu überall hin tragen können. Der Sonne selbst sollte er allerdings nicht zu nahe kommen.

„Das Sein kann sich nur im Werden erfahren, das Werden ist nichts ohne das Sein." (Camus 2001/1953, S. 333) Dieser Grundsatz der existentialistischen Philosophie weist darauf hin, dass die Flügel der Möglichkeiten nicht ohne die Ketten der Erdanziehungskraft gesehen werden können. Sein bleibt in diesem Bild immer unvollendetes Sein, und Freiheit bleibt neben dem Ausdehnungsdrang eine immer auch verwiesene. Das Vorwärts kommt aus der Mangelhaftigkeit und führt in eine neue. Nicht Vollkommenheit heißt somit das Ziel, sondern Vollendung in der mir möglichen Vollständigkeit (vgl. Jung 1990, S. 138 ff.). Auf sie zubewegen kann sich wohl nur der, der an den Weggabelungen des Lebens nicht voreilig den Ausschluss von Möglichkeiten wählt, sondern zunächst den Versuch der Integration. Ausschluss kappt Potentialität da ab, wo noch gar nicht erkannt werden kann, welches Land hinter der Abzweigung liegt; ein Land, von dem mir bislang nicht mehr bekannt ist als sein Name und jedes Urteil sich doch allenfalls auf bereits Bekanntes zu stützen in der Lage sieht. Sein zum Werden also wird nicht ausschließend sein; vielmehr verbindet es den Werdens- und Verwirklichungsdrang mit Offenheit, Experiment, Wagnis und Abenteuer – und vielleicht ein wenig auch mit der Hoffnung als der Tugend des Noch-Nicht. Die Reflexion an den Orientierungsmarken des Seins enthüllt. Schicht um Schicht des wesenhaften Seins legt sie von Station zu Station frei. Weil sie nie fertig wird und das Erreichte letztlich nie ausreicht, erscheint sie treulos, wenn man sie von außen betrachtet. Und in der Tat wirkt die aus ihr gewonnene Essenz wie ein tödliches Gift auf das Bestehende und Gewohnte, von dem nur die Erinnerung bleibt. Dieses Elixier steht für Abschied und Neubeginn zugleich. Treulos nennt man es in der Sprache des Überlebten. Dem Möglichen aber ist es die Nabelschnur. Es wird immer wieder neu erzeugt aus und in dem tiefliegenden Glauben an die Wirklichkeit einer Wahrheit und eines Weges, die mir im Moment nur erfahrbar werden durch ihre Ermangelung.

Auf dem Weg des Werdens bleibt der Mensch ein Grenzgänger. Verwirklichung und Vergehen, Daseinsglück und Leiden gehen immer mit. Mit allen Sinnen lebend werden sie als gegeben wahrgenommen und als veränderbar durch fortwährendes Erkennen. In der Arbeit an diesem Selbstentwurf als kontinuierlicher Veränderung und Weitergestaltung entfaltet sich die schöpferische Produktivität des Menschen auf höchstem Niveau. Er wird als lebenslange Herausforderung sich selbst zu einem Kunstwerk, das sich in jedem Augenblick aus anderer Perspektive zu betrachten vermag. Jetzt erkennt er endlich seine Masken, die ihn oft so starr erscheinen ließen und dadurch erstarren machten. Nun durchschaut er vieles Wollen als nicht aus einem flexiblen Seinsentwurf entstanden, sondern aus der blinden Projektion eines verhärteten Egos.

In der Selbstgestaltung als schöpferischen Prozess nehmen wir unsere Wesenheit und unsere Berufung an, bewusster Teil eines schöpferischen Universums zu sein. In der Formung des Selbst verändert sich das Ganze mit. Ermöglichung des Selbst dient so auch der Ermöglichung des Ganzen, aus dem es sich wiederum nährt. Der Schönheit und Größe dieser Anforderung, unser Stück Verantwortung für Himmel und Erde mitzutragen, können wir uns, wenn sie einmal erkannt ist, begründet nicht mehr entziehen. Die Wahl, die der Mensch im Sinne dieser Verantwortung in Freiheit trifft, und die Entscheidungen, die daraus folgen, nennen wir Tugend. In ihr bestätigt eine Person ihre Einzigkeit bei aller wechselseitigen Verbundenheit und allen Verflechtungen in eine individuale, soziale und kulturelle Geschichte. In ihr erkennt sie an, dass sie für den schöpferischen Beitrag zur Verfeinerung des Universums unersetzlich ist. In ihr teilt sie mit und drückt sie aus, dass Denken in Erkennen münden kann und Erkennen in

Freiheit und Freiheit letztlich in dem Entwurf und der Praxis universaler Verantwortung.

Selbstgestaltung demnach meint, beharrlich den eigenen Weg zu gehen, wenn auch ohne programmiertes Navigationssystem. Beharrlichkeit sollte nicht mit Unbeirrbarkeit verwechselt werden. Beirrt – das darf schon sein, damit der Andere und das Andere Zeichen am Weg zu sein vermögen. Beirrt sein lässt sich nicht vermeiden, wenn wir den Weg zu unserem möglichen Selbst in rückhaltloser Ehrlichkeit und Wahrhaftigkeit gehen und der großen Versuchung, die in der Verdrängung liegt, im täglich neuen Kampf zu widerstehen versuchen. Kein bewusstes Leben erscheint denkbar, das an dem Unangenehmen und Schrecklichen in der eigenen Existenz vorbeisieht oder es gar zu verschleiern trachtet, das vorbeisieht am Vergehen alles Äußeren, vor allem auch an der eigenen Vergänglichkeit und den täglichen Vorstufen, die sich im biologischen Alterungsprozess zeigen. Rückhaltlose Ehrlichkeit und die aus ihr erwachsende Redlichkeit werden im lebenslangen Prozess der Selbstgestaltung zur höchsten und zur letzten Tugend. Ohne sie scheitern wir daran, uns immer wieder mit uns selbst zu versöhnen und uns auch selbst zu vergeben. Versöhnung hält im Licht.

Die verwandelnde Kraft der Gedanken

Das Unentwegte, in Verbindung mit Offenheit, bedarf der täglichen Ausrichtung in der Kontemplation. Die Türen zum Sein und zum Selbst gehen zunächst immer nur nach innen auf. Hier entsteht und reift Sinn täglich neu und stellt sich dem Chaos der Gefühle, der Erwartungen, der Täuschungen und der Rollenanforderungen integrierend und vermittelnd gegenüber.

Die Entschlackung der bewussten und unbewussten Felder des Geistes in der Kontemplation befreit das Denken. Zwar respektiert es weiterhin die dem menschlichen Geist gegebenen Grenzen, doch mildert es diese Kränkung mittels Mannigfaltigkeit der Blick- und Erkenntnisweisen. Der durch das Denken sich selbst bewusst werdende Geist erkennt nun vor allem sich selbst als Teilselbst des kosmischen Geistes. Keine Doktrin kann jetzt mehr verfangen – je weiter der Blick, desto besser die Orientierung. Und mit der Fähigkeit, unseren Planeten gleichsam von außen zu betrachten und zu meditieren, ergänzen wir die gedankliche Perspektive von kosmischem Selbst und Teilselbst um die sinnlich zugängliche von Universum und Erde.

Aus dem Geist heraus gibt der Mensch sich selbst die Freiheit aller Seinsmöglichkeiten. Er tritt ein in das utopische Denken als der gedanklich gestalterischen Vorwegnahme des potentiell Zukünftigen. Und der Glaube an den Wirklichkeits- oder besser Verwirklichungsgehalt seiner Gedanken wandelt und verwandelt ihn. Hinter diese Transformation gibt es kein Zurück mehr. Sie ist eine Wendemarke im Menschsein, sowohl bezogen auf die gesamte Gattung wie auch das personale Sein. Wahre Heilung in den Dunkelheiten des Seins ist von nun an nicht vorstellbar ohne die Kraft des erweiterten Bewusstseins und damit des Lichts, das aus dem für möglich Erkannten in die Schatten des Gegenwärtigen strahlt. Dieses Licht und seine erahnte Quelle werden für den in seine Bewusstseinsfreiheit hinein erwachten Menschen zur neuen und eigentlichen Heimat.

In den Dimensionen des Traums erfährt der innere Heimatraum Füllung und Gestalt. Träume sind jenseits aller psychoanalytischen Deutungsmuster immer auch der Ozean, aus dem unsere Vorstellungskräfte nahezu unbegrenzt schöpfen können. Sie stellen eigene Wirklichkeitszugänge dar, deren Diskriminierung als virtuell in der alten abendländischen Spaltung in Schein und Wirklichkeit gründet (vgl. Schmid 1991, S. 319 ff.). Der Traum IST, und er liegt dem, was man Wirklichkeit nennt, wohl näher als all die alltäglichen Täuschungen und Projektionen, denen unser verstelltes Wachbewusstsein nur zu oft unterliegt.

Existentielle Synthese

Der von den Grenzen unseres alltäglichen Denkens befreite Traum kann in Synthese mit der inneren Freiheit zu der uns möglichen Wahrheit werden. Diesseits und Jenseits, Schöpfung und Vergehen, subjektiv und objektiv fließen ineinander. Sie formen die Gestalt des Kosmos als unbegrenzt, fließend und unverfügbar. Zugleich finden sie im personalen Selbst einen sinnlichen und der Selbstreflexion zugänglichen Ausdruck. Die Natur des Menschen gehört somit zu seiner Freiheit, ja, ohne sie kann er sie nicht erlangen. Geist und Materie müssen als Nicht-Zweiheit gesehen werden. Form und formlose Ausdehnung sind komplementäre Erscheinungsweisen der Ganzheit. Und ich habe keine Chance, mich diesem Ganzen begreifend zu nähern, wenn ich in unversöhnter Spaltung mit meiner Leiblichkeit lebe. Die Grenzen der Haut ermöglichen „nach innen" die Gestaltwerdung des Selbst und „nach außen" die Begegnung mit dem SELBST. Die integrative Brücke vom Selbst zum SELBST errichtet der Geist. Und er hält sie begehbar. Sie entsteht aber auch wie von Zauberhand im Moment der mystischen Erfahrung, der Erfahrung des Einsseins. Vergänglich begegnet uns das Einssein in der körperlichen Verschmelzung zweier von Sehnsucht angezogener, sich liebender Menschen. Als Erfahrung und Empfindung des Ewigen bricht es licht- und gnadenhaft in den erwachten Menschen. Es transformiert Erworbenes und Entstehendes, Gewohntes und Ungewohntes. Und der sich als Kind des Kosmos und als Kosmos selbst Erkennende, er schaut und lauscht.

Oft spricht man, bezogen auf Menschen, die sich wahrnehmbar für ihre Mitwelt in einem Prozess grundlegender Veränderungen befinden, von Häutungen, die sie durchleben. Doch die Erfahrung von Integration, Synthese und Einssein meint mehr als Abstreifen des Verbrauchten und eine äußere Erneuerung, die das Innere nicht berühren muss. Diese Erfahrung verweist auf tiefgreifende Erschütterung, Öffnung und innere Wandlung. Die existentielle Synthese, in die diese Wandlung führt, macht die Szenen des Scheiterns in unserem Leben zu kostbaren Schritten. Sie stehen nun nicht mehr für ein unheilbares Zerbrechen, sondern für Entfesselung, die der Ermöglichung den Weg bereitet. Die Tränen des Scheiterns führen so ins Lächeln der Erkenntnis und des Werdens.

Die Wunden des Lebens als Augen der Seele

Der Weg zum Licht führt durch das Tal des Erleidens und Erduldens. Die Verzweiflung muss ohne Selbstverleugnung durchschreiten, wer aus sich heraus sich neu orientieren und stabilisieren will. Dieser Weg ist schmerzvoll, aber ohne wirkliche Alternative. Jegliche Weisen des Ausweichens und der Flucht, der Rückgriff vielleicht sogar auf Gewalt gegenüber sich selbst oder gegenüber anderen tötet die Steigerungs- und Verfeinerungsenergie. Und sie machen noch handlungsunfähiger in dem gesteigerten Leiden, das der Flucht zwangsläufig folgt.

Beim Durchschreiten der Lebenstäler kommen wir an einer Quelle vorbei, die nicht jeder entdeckt und aus der nur wenige trinken. Das Wasser aus ihr quillt still und sanft, und es ist von letzter Klarheit. Es ist dies die Quelle unserer elementarsten Befindlichkeit, des tiefsten und zugleich einfachsten Gefühls, der völligen Schutzlosigkeit (vgl. Plessner 1981, S. 71 ff.). Wer dieses Wasser zu sich nimmt, sich seiner Schutzlosigkeit und Verwundbarkeit stellt, dem öffnen sich Augen, die den innersten Kern des Lebens erkennen. Die unerbittlichen Waffen des Urteils, des Zynismus und der Ironie fallen aus der Hand. Was gäbe es an dieser Stelle noch zu besiegen?

In dem Erkennen durch die innersten Augen der Seele geschieht die Akzeptanz von Schmerz und Trauer als sinnvoll und lebens-, ja überlebensnotwendig. Nur aus diesem Erkennen stammt wirklicher Trost, jene stille, ganz verinnerlichte Freude, die in ihrer Einfachheit wesenseins mit der Verwundbarkeit ist.

Im auf das Ursprünglichste hin gereinigten Feld der elementaren Befindlichkeit wartet auch die unvoreingenommene Einsicht in Schuld und deren Anerkennung. In der Endlichkeit unseres Handelns liegt Schuldigwerden immer auf dem Weg. Und nahezu unausweichlich schaut es uns an, wenn Leidenschaft ins Spiel kommt und damit Glanz und Schatten, Eros und Thanatos in einer Gestalt.

Das Elementare gibt sich an dieser Stelle als der unbestechliche Wegweiser des Gewissens zu erkennen. Mag es auch so sein, dass Menschen nie ganz alleinverschuldet und alleine scheitern und fehlen, weil Menschsein nun einmal heißt, in Resonanz und Beziehung zu sein. Doch im Erkennen und der Anerkennung der eigenen Anteile am Scheitern und in der vorbehaltlosen Akzeptanz, dass diese Anteile nicht übertragen werden können, wartet der Ausgangspunkt der Umkehr. Hier liegt die Rückgewinnung unserer ganzen Freiheit, und es blüht sogar große Schönheit überall da, wo Schuld in Freiheit angenommen und ausgeglichen wurde. Dort ist der Boden bereitet für Versöhnung – mit dem Du und mit dem Selbst.

Es existieren Wechselbeziehungen zwischen dem Erkennen und der Annahme der eigenen Schuld und der Vergebung. Meine Eigenklärung schafft die Weite, dem Anderen seine Anteile gleichsam zuzugestehen und sie zu vergeben. In dem Akt dieser Vergebensbekundung – denn sie muss kommuniziert werden, um gültig zu werden – vergebe ich mir damit zugleich selbst und ermögliche dieses auch dem Du. So wendet sich das Charisma der von mir ausgehenden Vergebung zu mir zurück und das „Liebe deinen Nächsten wie dich selbst" gelangt zur Vollendung.

Nur, was du liebend gibst, wird aus der Nichtigkeit gehoben – Kein Werden ohne Lieben

Auf einer Insel im Meer der Verzweiflung wartet die Stille der Liebe. Aus der Berührung der sich nacheinander Sehnenden spricht dasselbe Streben danach, eins zu werden, wie aus der Tiefe der Kontemplation. Liebe will sich finden, will verschmelzen. Liebe sagt Ja. In der Liebe tritt das große Gesetz des Universums ins Leben, dass Existenz Beziehung und Resonanz heißt. Zu sich kommt das bewusste Leben nur durch Begegnung. Als Ausfluss der göttlichen Liebe gehört die menschliche Liebe in ihren zahllosen Facetten zur Grundkraft des Kosmos. Die Liebe rettet uns. Nur ihr Licht dringt in die letzten Abgründe des Scheiterns und der Ohnmacht. Wo sonst darfst du dich zeigen, wie du bist, deine Schwachheit inbegriffen.

Liebe – das ist unsere wahre, das ist die Fülle unserer Existenz. Wo sie erscheint, durchscheint sie alles. Kaum etwas bleibt unberührt, wenig unverwandelt. Deshalb lieben wir es, zu lieben. Liebe ist mehr als ein Denkvorgang, keine Sache des Kopfes, sondern elementare Befindlichkeit. Was sie uns an Einsicht eröffnet, geschieht über Erleben. Es erschüttert die Seele und legt damit ungekannte Kräfte frei. Doch in der Verbindung mit der Öffnung des Herzens hin zum Du macht diese Erschütterung auch wiederum verletzbar. Lieben heißt, sich verletzbar zu halten, heißt, in der Bereitschaft zu leben, verwundet zu werden. Die Erfüllung in der Liebe heilt und verbrennt zugleich. Keine Leidenschaft ohne eine schmerzende Seele. Deshalb wohl taucht im Mythos Eros mit Pfeil, Bogen und Köcher auf. Er berührt nicht sanft, er schießt ins Herz! Hermann Hesse akzentuiert das Leiden in und an der Liebe in besonderer Weise:

„Die Liebe erleidet man, aber je hingegebener man sie erleidet, desto stärker macht sie uns … Dass jede Liebe ihre tiefe Tragik hat, ist doch kein Grund, nicht mehr zu lieben." (Hesse 1999, S. 14/46) Das Durchleben und Durchleiden lässt die Liebe sich entwickeln und reifen. Der Hindurchgehende gelangt über das bloße Verliebtsein mit seinen Täuschungen und Illusionen hinaus, Tränen und die Bereitschaft zu trauern inbegriffen. Und so bleiben immer wieder Narben zurück. Narben, die aus Enttäuschungen, geplatzten Illusionen, gebrochenen Versprechen, Lieblosigkeiten und unvorhergesehenen Schicksalsschlägen entstanden sind. Die in ihnen gespeicherten Erfahrungen und Empfindungen gehören zum Weg der Liebe als Weg auch der Erkenntnis (vgl. Rapp 1995).

Lieben will nicht haben

Liebe lebt als Demut und nicht als Mächtigkeit. Die glühende Bereitschaft zur Hingabe hebt sie aus allen anderen Eigenschaften und Regungen des Menschen, ja des Kosmos hervor. Liebe gibt, weil sie geben will, weil sie anerkennt, weil sie den anderen unbedingt achtet, ihm Respekt erbietet, ihn nimmt, wie er ist. Wer aus der Tiefe des Herzens liebt, vergisst sich über dem geliebten Menschen und befreit sich zugleich aus der Enge des Ich. Hingabe überwindet Selbstbezug und Eigennutz. Sie erlöst aus einer versklavten Persönlichkeit.

Das Ideal der Liebe kann von dem Ideal der Selbsthingabe und der Selbstvergessenheit nicht getrennt werden. Erst, wo nicht mehr das Ich mit seinem Verlangen und den ständigen Eingriffen von Denkvorgängen dominiert, entsteht der Raum für die Möglichkeit von Liebe. Doch auch hier gilt, dass wahrhaftige und unbedingte Liebe zum anderen zunächst der wahrhaftigen und unbedingten Annahme der eigenen Existenz bedarf. Noch radikalisiert besteht dieser Zusammenhang für die Begegnungen, wo ein Ich das Du als komplementären Teil erkannt hat, sich Dualseelen gegenüberstehen. Selbstverkennen hieße in diesem Fall, den anderen zu verkennen; sich selbst zu verachten, auch dem anderen damit den Respekt zu entziehen. Sich selbst angenommen zu haben, beugt schließlich dem Verhängnis vor, einen Menschen zu missbrauchen als Flucht vor sich selbst und der Empfindung eigener Nichtigkeit – und dies als „Liebe" zu kaschieren.

Liebe fragt nicht nach Gegenleistung. Die liebende Frau und der liebende Mann finden Erfüllung bereits darin, zu lieben, Zuwendung schenken zu können. Das befreit – bei allem Sehnen – auch von der Unbedingtheit der Erwartung, wiedergeliebt zu werden. Selbstredend, in der Gegenliebe käme das Glück zum Höhepunkt; doch das Fundament der Liebe entsteht nicht aus Fordern und Erwarten. Es wächst aus sich selbst heraus. Und es lässt so zugleich dem Liebenden, bei aller Hingabe, seine Autonomie. Denn er handelt aus freien Stücken, unbedrängt von der gelegentlich neurotischen Zwangsvorstellung, auf vergleichbar liebende Resonanz stoßen zu müssen.

Liebe also will lieben und nicht haben. Sie will auch nicht brauchen. Das unterscheidet sie von der Eigenliebe und der Sucht danach, Menschen auf sich zu beziehen oder sie sogar zu besitzen, zu einem Teil von sich selber zu machen. Was für ein Erlebnis, wenn Frau und Mann sich begegnen, sich zueinander sehnen, ohne besitzen zu wollen. In der Folge wartet dann die vielleicht größte Herausforderung, nämlich von dem geliebten Du nicht abhängig zu werden, kein Verhältnis des Verlangens zu etablieren und zu verfestigen, das dazu führt, dem anderen verhaftet zu sein. Denn klammernde Sorge, nagende Eifersucht und entwürdigende Kontrolle wären die unvermeidbare Konsequenz.

Nur in der Liebe, die gibt und nicht haben will, in der ein Mensch sich verströmt, sich opfern kann für nur einen Moment, befähigt er sich, den anderen in seiner Wesenstiefe zu erkennen. Er hört, statt zu interpretieren und zu projizieren, teilt mit, ohne Macht auszuüben oder zu manipulieren, und sieht mit den Augen des Herzens und des Bewunderers und nicht dessen, der Besitz ergreifen will. Nur das, was in diesem Geist gegeben wurde, wird aus dem Nichts der unentrinnbaren Vergänglichkeit gehoben.

Die Suche nach Schönheit in Begegnung

In der Liebe lebt der Drang nach dem Absoluten. Durch sie will es sich entfalten. In der Liebessehnsucht greifen wir über unser Selbst im Ich und Du hinaus nach letzter Vollkommenheit. Das Ideal findet in der Sehnsucht nach dem Schönen einen besonderen Ausdruck. Liebe kann so durchaus als die Suche nach Schönheit in Begegnung gesehen und verstanden werden. Und sie, die Liebe, bestimmt, worin ein Mensch Schönheit erkennt. Das Geliebte wird schön, weil es geliebt wird. Das macht es einzig und unvergleichbar. Im geliebten und als schön erkannten Du nehmen die Welt und das letzte Ideal ihre konkrete Gestalt an, jene Gestalt, die Flügel verleiht über die Mauern der Unvollkommenheit hinweg.

In das Unvergleichliche wollen die Liebenden sich verschenken. Damit werden sie zum Teil eines Prozesses, dessen Größe darin besteht, den jeweils Anderen hin zu seinem eigentlichen Selbst zu befreien; zu befreien von den Ablagerungen, die seine mögliche Idealgestalt verfremdet haben; zu befreien auf den Traum und die Vision vom gelingenden Leben zu. An dieser Stelle nun wird die Einsicht existentiell, dass sich nur das Freie gewinnen lässt. Und es bleibt in seiner Schönheit nur in Resonanz und Beziehung, wenn es im höchstfragilen Wechselspiel von Nähe und Distanz, von vorsichtiger Annäherung und Loslassen immer wieder ganz freigegeben wird. So mag heißen, in der größtmöglichen Nähe zu einem Menschen zu bleiben, auf ihn zu verzichten. Dieser Verzicht beugt auch der Versuchung vor, Gewesenes mit anderen Partnern, anderen Partnerinnen wiederholen zu wollen und damit im Nachhinein der einst konstatierten Einzigkeit den Stempel der Austauschbarkeit aufzudrücken.

Vereinigung stillbarer mit unstillbarer Sehnsucht – Die Transzendenz der Liebe

„Einander lieben heißt nicht nur einander anschauen, sondern gemeinsam auf das Dritte." (Antoine de Saint-Exupéry)

Das Dritte transzendiert das Wunder der Begegnung und hebt es in die gemeinsame Schau des Ewigen, die sich im Augenblick offenbart. Auch wenn Menschen immer wieder daran scheitern, es zu erkennen – der Weg als Mann und Frau in die Gemeinsamkeit hat an sich diese göttliche Tiefe. Im

Dritten treten wir in die Dimension des Transpersonalen, das so viel größer ist als das selbstgenügsame Ich. Hier klopfen wir an Pforten des Unbekannten, das alles in uns zu wandeln vermag. Wir berühren ewige Wahrheiten, die eine in der Immanenz sich erschöpfende Sehnsucht nie erblickt.

Im Anblick von Frau und Mann steht das Leben vor der Erscheinung des geteilten Mensch-Seins und vor der Zumutung, dass eine halbe Seele zum Leben oft nicht reicht. In der sich anziehenden Polarität von Mann und Frau offenbart sich die Sehnsucht nach Vollendung. Es ist ein Streben nach Erlösung, das vor dem Fall in die selbstbezogene Individualität bewahren will und das zugleich den selbstzerstörerischen Überschuss an Eigenliebe absorbiert. Auch in der Paarliebe, oder besser vor allem in ihr, sucht Leben Leben, um sich mit ihm und daran zu steigern. Hier trifft sich das unstillbare spirituelle mit dem stillbaren Liebesbegehren. Es ist dabei immer das Durchscheinen der mystischen Nähe, das den Menschen als Ganzes fordert und das die Liebe bei aller Vergänglichkeit doch im Raum des Unendlichen verhält. So verstandene Liebe wird eine Regung zur letzten Einheit, zur seelisch-sinnlich-spirituellen Synthese, als würde, wie im platonischen Mythos, das vor langen Zeiten Auseinandergerissene wieder zusammengefügt. In grenzenloser Vielfalt kann diese Vereinigung sich ereignen, als Sinfonie im Werden, Wachsen und Vergehen der Liebe. Herausragende Bedeutung hat in diesem Spiel die Kraft des Eros, die in der geschlechtlichen, körperlichen Liebe in eine Alchemie unüberbietbarer Nähe führt. Vergänglich und begrenzt ist unser körperliches Sein, doch hier gelingt es uns, einen Zipfel der Unermesslichkeit und der Unendlichkeit zu fassen, von einer Ahnung des Absoluten aus anderer Dimension erschüttert zu werden. Der Augenblick, der vergeht, noch bevor er recht begann, stammt von dort. Und dorthin wird jedes Begehren gezogen. In dem sich erfüllenden Moment der erotischen Nähe liegt eine Wesensverwandtschaft zur religiösen Sehnsucht und dem Blitz der Erleuchtung, der sich im Kairos offenbart. Beide Zeitlichkeiten ähneln sich frappierend. Dass Spiritualität und Erotik zusammengehören, darin liegt eine der großen überzeitlichen Gewissheiten des Mythos, die sich in jedem Leben, auch dem, das sich fern jeglicher Religiosität wähnt, zu enthüllen vermag. Wie die ungebändigte Gottessehnsucht drängt es die Erotik aus den Fesseln unseres Seins. Wie in der Mystik lassen wir los, um zu gewinnen, sterben wir den kleinen Tod, um die Verschmelzung in der Selbstaufgabe zu erlangen. In absoluter Gegenwärtigkeit verliert sich das Hier und Jetzt, und es kümmern keine möglichen Folgen.

In der ganzheitlichen, die Sinnlichkeit und seelisch-erotische Erfüllung integrierenden Liebe spielt das Leben seinen höchsten Trumpf. Hier bietet die Fülle der Vergänglichkeit die Stirn. Die Liebe protestiert gegen einen als unerbittliches Ende angesehenen Tod. Sie stellt sich ihm entgegen mit dem Anspruch des Unvergänglichen, mit der Gewissheit des „Über-den-Tod-Hinaus", das aus der Erfahrung des Einsseins erwuchs.

Jede tiefe Sehnsucht richtet sich aus auf die Ewigkeit und ihren Hauch schon im Hier und Jetzt. Der Drang zur Vollkommenheit und Schönheit, der im geliebten Wesen seine erste Erfüllung findet, ist im Innersten eine göttliche Kraft. Sie ruft den Liebenden. Sie ruft ihn zu sich als den eigentlichen, den im Verborgenen ruhenden Zielpunkt. Sie ruft ihn nach Hause.

In der Geschlechterliebe hat das Göttliche seine Weise gefunden, in den Raum des Menschlichen einzutauchen und sich zu offenbaren. Mit der Liebe spielt es jene Melodie, die all unsere Sinne erreicht, uns erschüttert, verzaubert und verwandelt. Das unteilbare Eine wählt die Zweiheit des Menschen, um durch sie hindurch sichtbar zu werden (vgl. Schubart 1989).

Hier liegt das Geheimnis der Geschlechterpolarität. Darin wartet die letzte Berufung von Frau und Mann. Zu dieser Erkenntnis und Empfindung soll sich das Menschengeschlecht als Ganzes entwickeln. Deshalb überfällt die Liebe den Menschen in so unwiderstehlicher Weise. In der Polarität der Geschlechter und ihrem Wunsch nach Vereinigung sowie in der Polarität von göttlicher und menschlicher Wesenheit und dem gegenseitigen Wunsch nach Durchdringung und Verschmelzung, danach, ineinander aufzugehen, drücken sich die Möglichkeiten des Lebens in ihrer Fülle und Absolutheit aus. Das ist die metaphysische Bedeutung auch des Sexuellen, das aus derselben Kraft geboren wurde wie alle Liebe.

Ein himmlischer Strahl beleuchtet den Paar-Weg. Sein Licht erleuchtet das Du und lässt in ihm das Es erblicken. Dieses Es bringt das Du dem Ich als vollkommen nahe. Es bedient sich unserer Personen, um Selbst zu werden. So verwirklicht es sich und bringt die Schönheit in die Welt. Was wir zu erkennen glauben, entsteht in diesem Moment zur Wirklichkeit. Dem Mystiker, dem die Erleuchtung geschenkt wurde als Einsicht in das Einssein des Kosmos und als Erfahrung des Einsseins, spricht man zu, im Stand der Gnade zu leben. Denn er sieht alles neu und verwandelt es schon allein durch dieses Sosein. Wie viel mehr, wenn auch anders, gilt dies für jene Liebenden, die in ihrer Verschmelzung über sich hinaus dieses Einssein empfinden, es körperlich, seelisch und geistig wahrnehmen und so die Grenze zwischen Himmel und Erde auflösen. Für einen Augenblick geschieht dies immer nur, gewiss. Doch der Geschmack dieses Moments hält in der Erinnerung und der Erwartung der umfassenden und letztendlichen Vereinigung. Wer in dieser Erwartung mit der immer wiederkehrenden Erfahrung ihres Aufleuchtens lebt, berührt das große Mysterium des Seins, auch wenn er noch nicht ganz in ihm aufgegangen ist.

Den Überschreitungscharakter der Mystik, der darin besteht, die Endlichkeit, wenn auch nicht zu überwinden, so doch zu transzendieren, gestehen wir somit auch der Liebe zu. Auf ihre Weise führt sie uns heran an ewige Wahrheiten, auf ihre Weise nähert sie sich der Unio Mystica.

Experimentelles Sein und heitere Skepsis – Die Revolte

Sehnsucht, Kairos-Zeit, das tiefe Schweigen, der Selbstentwurf, die Liebe ... was für Zauberkräfte sind das doch im Sein des Menschen und der Menschheit insgesamt. Zauberkräfte gegen das Scheitern am Scheitern und für das Wachstum im Werden.

Doch unablässig meldet sich ein tief sitzender Stachel aus den Momenten der Verzweiflung, der Ohnmacht und des Erschreckens heraus. Er gibt sein Gift beständig an das Bewusstsein ab, befragt es nach dem Sinn des Ganzen und offeriert immer dieselbe Antwort: Es ist absurd, das Leben ist absurd!

Ganz lässt sich dieser Stachel nicht entfernen. Oft bleibt eine Differenz zwischen Idee, Ideal und Wirklichkeit, ja, gelegentlich gleicht diese Differenz einer unüberwindbaren

Schlucht. Immer bleiben letzte Unerklärlichkeiten und scheitert jedes Begreifenwollen am Nichterkennenkönnen. Und manchmal hilft dann auch die Liebe nicht mehr, wenn der Geist sich an seinen Grenzen reibt und sich selbst in Frage stellt. Antwort gibt es dann auch nur auf dieser Ebene. In der Negation der Negation, darin, sich mit der Absurdität nicht einverstanden zu erklären (vgl. Camus 1998/1959, S. 39).

Freie Wahl in experimenteller Haltung

Geschichte im Großen und im Biografischen wiederholt sich nicht. Was sich wiederholt, sind Muster der Deutung und des Verhaltens. Enttäuschungen und Niederlagen im Aufbegehren gegen eine unvollkommene Welt, die eigene Weise der Existenz inbegriffen, sind vorprogrammiert. Der Stein des Sisyphos rollt mit an Sicherheit grenzender Wahrscheinlichkeit den Berg wieder hinunter. Aber es entsteht Freiheit da, wo Menschen weitermachen und nicht aufgeben, sie sich für das Hindurch entscheiden. Dann wird trotz aller herabrollenden Steine etwas anderes sichtbar. Es zeigen sich neue Weggabelungen, es eröffnen sich neue Optionen. Die Auflehnung zieht ihre Begründung aus sich selbst. Sie bedarf zunächst keiner Erwartungen und keiner Hoffnung. Sie ist der Grundsatz der Würde eines sich als frei verstehenden Menschen. Herrschende Selbstverständlichkeiten stellt sie immer wieder in Frage. Sie pflegt die Ästhetik meines Lebens dadurch, dass sie Wahlmöglichkeit verfügbar hält. Die Revolte negiert eine sich mit ihrer Mächtigkeit zufrieden gebende Gegenwart zugunsten einer Zukunft, die sich als experimentell versteht und gelegentlich zugunsten einer Idee. Sie widersetzt sich den Selbstbeschränkungen, die Gelassenheit in einem geordneten

Leben mit Abstumpfung bezahlen. Freiheit und damit Entwicklung nähren sich daraus, Geltung, Sicherheit und Dauer als brüchig zu akzeptieren bzw. sie immer wieder neu zu verhandeln. Sein in Freiheit widerspricht einem Dasein als bloßem und selbstgenügsamem Bestand.

Die bestehenden Bedingungen und Evidenzen immer wieder zu transzendieren setzt Freiheit bereits innerhalb dieser Bedingungen voraus. Diese Freiheit von der oft geradezu imperialistischen Macht herrschender Ideologien muss als grundlegend für jede Form von Entwicklung gesehen werden, die immer auch im Blick hat, ihre eigenen Ausgangsbedingungen zu überwinden. Die überzeitlichen ethischen Tugenden werden dadurch nicht in Frage gestellt, aber sie klären sich in der immer neuen Bewährung durch sich wandelnde Anforderungen mit, reinigen sich in der Bewegung, schütteln den Staub einer Geschichte ab, die sie zu Moral degradierte. So gesehen gehören Ethik und Freiheit untrennbar zusammen und sollte die aus dem Aufbegehren erwachsende Unabsehbarkeit künftiger Taten nicht mit Beliebigkeit verwechselt werden.

Die in der Revolte sich in der Bewegung haltende Lebenssicht und Lebensweise verkörpert eine andere Weise des positiven Denkens. Es ist nicht das Denken, welches sich dadurch genügt, dass es sich in den Glauben schickt, alles werde schon irgendwie wieder gut. Es ist auch nicht Ausdruck eines dialektischen Denkens, das automatisch die Synthese mitdenkt und damit im Korsett sichtbarer Alternativen verbleibt. Nein, es ist jene Art zu denken und zu empfinden, die dem Zweifel seine Existenzberechtigung zuspricht, solange wir nicht von der Quelle des Absoluten getrunken haben und wissen, dass es die Quelle des Göttlichen ist. Es geht um jene Art, im Leben zu stehen, oder besser, sich im Strom des Lebens zu bewegen, die durch Infragestellung schöpferisches Potential erst schafft, indem sie es erkennbar macht. Was ist das anderes als Freude am Leben? In dieser Haltung können Menschen schweben und die Anziehungs- und Bindungskräfte des Beharrens hinter sich lassen. So verstandenes Revoltieren trägt bei aller Ernsthaftigkeit fröhliche Züge, solches Zweifeln wirkt heiter und die Skepsis optimistisch.

Jedes Aufbegehren stammt aus einem persönlich wahrgenommenen Defizit. Doch in der Bewegung kommt es zu dem Bewusstsein, nur der Ausdruck eines allgemeinen, die Menschheit verbindenden Mangels zu sein. Das hebt den Widerspruch in eine kollektive Bedeutung, stellt den oft so einsam Kämpfenden in die Gemeinschaft seiner Gattung. Es macht sein Handeln zu einem solidarischen Handeln. Bewusst oder unbewusst steht der sich auflehnende Mensch in Kommunikation mit der Menschheit insgesamt. Er erkennt das allgemeine Leiden, trägt es mit, steht dagegen auf. Er kann nicht anders, als sich in der Schwebe zu halten zwischen Sinn und Nichtigkeit. Seine Existenz wird zu einer offenen Frage. Das Revoltieren wird damit immer auch zur Stunde der das Denken befreienden und Alternativen entwerfenden Philosophie. Sie hält in einer der großen Wahrheiten des Seins, vielleicht der letzten Wahrheit schlechthin, der Herausforderung. Die Herausforderung weicht nicht aus, und sie flieht nicht durch Versuche der Integration dessen, das nur auf Kosten unserer Würde und der Entwertung höchster Werte integriert werden kann.

„Die Geschichte ist zweifellos eine der Grenzen des Menschen … Aber der Mensch setzt in seiner Revolte seinerseits der Geschichte eine Grenze. An dieser Grenze steigt das Versprechen eines Werts auf." (Camus 2001/1953, S. 281)

Im Widerstehen als wieder Stehen stellt sich der Mensch gegen das Lebens- und Entwicklungsfeindliche, ungerührt von der Wahrscheinlichkeit, dass er nach den Gesetzen dieser Welt eigentlich nur verlieren kann. Er widersteht damit nicht nur den als absurd empfundenen Zügen des Seins, sondern er setzt auch jenem Dogma, das vorgibt, so zu handeln, als wenn es kein Morgen gäbe, das Trotzdem als Wegbereitung für die nach ihm Kommenden gegenüber. So mag er letztlich wieder scheitern, aber sein Impuls bleibt unwiderlegbar.

Revolte mit den Waffen der Ästhetik – Die Kunst

Aller Ahnung, dass Geschichte ein Ende haben könnte zum Widerstreit, geht es darum, sie zu verlängern, und zwar in der Intention dessen, das sich in uns als wahr zu erkennen gegeben hat. Es handelt sich hierbei um jene Wahrheit, die nicht in Rede und Gegenrede sich klärt, in Abwägung aller zugänglichen Argumente, sondern die ihre Maßstäbe aus der Ästhetik des Schöpferischen selbst gewinnt. Gegen historische Befindlichkeiten aufzubegehren stellt etwa die Zustimmung zum großen Entwurf der Schöpfung nicht in Frage. Der Widerstand gegen Ungerechtigkeit, Leid und Dummheit mindert nicht die Übereinstimmung mit dem Lauf der Gestirne, dem Zauber einer Rose und der Anmut einer Gazelle.

Was die in Natur und Kosmos in sich selbst liegende Wahrheit als Schönheit ausmacht, versucht der schöpferische Mensch in der Kunst zu spiegeln und in eigenem Ausdruck zu ergänzen, ja fortzuschreiben. Was Menschen in Jahrtausenden geschaffen haben, in ihrer Art und Weise zu malen, zu formen, sich zu bewegen, sich Ausdruck zu geben, zu singen und Klänge zu generieren, ist bei aller jederzeit mitschwingenden Vorläufigkeit doch auch Ausdruck einer Gestalt annehmenden Sehnsucht nach Vollendung bereits im Hier und Jetzt. Der Absurdität stellen der schöpferische Prozess und das Kunstwerk die Ästhetik gegenüber. An ihren Kategorien kann die Welt sich messen, sich durch sie selbst beobachten und in der Folge erkennen und vielleicht sogar verstehen. Im Prozess der Wahrnehmung erweisen sich die Aussagen des Kunstwerks oft als vielfältiger als die Sprache. Deshalb kann Kunst durch ihre Ausdrucksweisen auch die Grenzen überspringen, die eine Kunst ausschließende Wissenschaft sich selber setzt. Sie erreicht die Seele noch da, wo andere Zugangsweisen unzureichend sind. Und die Bewunderung und das Staunen, das sie hervorzaubert, reichen schon, um auf das Wesentliche unausgesprochen zu verweisen. Kunst will zeigen, Ausdruck geben, die Wahrnehmung provozieren; aber sie bringt keine neuen Zwecke in die Welt (vgl. Luhmann 1997, S. 233 ff.). Und doch darf sie als zweckhaft gesehen werden durch ihren durch nichts zu ersetzenden Beitrag, die Vorstellungskraft zu schüren und zu stärken. Durch die Realität hindurch eröffnen sich in der Imagination Einblicke, wie Welt möglich sein kann.

Der künstlerische Prozess und das künstlerische Werk entfalten ihre Faszination hinsichtlich der Verfasstheit unserer Welt durch einen einzigartigen Doppelcharakter. Über das Absurde im Dasein legen sie einen Schleier der Schönheit, der das Entsetzen lindert; und zugleich demaskieren sie die Verschleierungen einer Wirklichkeit, die den Zugang zum Möglichen verdecken. Die Kunst hilft nicht nur, mit der Wirklichkeit fertig zu werden, sie schlägt auch Löcher in den Beton der Beharrung, durch die das Licht eines besseren Morgen scheint. Dass sie dabei immer wieder selber scheitert und in kühlem Unverständnis ignoriert wird, mindert diesen Beitrag nicht, im Gegenteil. Gerade das Scheitern in der Zeit bewahrt sie davor, als geronnene Idee domestiziert zu werden. Es schützt ihre Wildheit und ist gelegentlich gar movens des künstlerischen Schaffens selbst, indem es das Scheitern zum Thema macht und indem der Künstler sein Scheitern als Schutzraum nimmt, um nicht von den Kräften aufgesogen zu werden, denen er den Spiegel vorhalten will.

Schwester Einsamkeit

Den Weg zum Werden gehen wir nicht alleine. Zwar werden Begegnungen in gleicher Feldstärke und in gleicher Seelentiefe seltener, doch umso kostbarer sind die, die verbleiben und sich neu ergeben. Und umso wichtiger wird das Ausschauhalten nach denen, die gleichfalls in der Spur der Ermöglichung und Verwirklichung wandeln. Im gemeinsamen Gehen erschließen sich die letzten Potentiale. Die gegenseitige Durchdringung der Bewusstseinsfelder schafft ein Meta-Bewusstsein, das in der Vereinzelung unerreichbar ist. Es ist jenes Bewusstsein, das nicht nur die Erkenntnisqualität steigert, sondern auch vor dem Absturz bewahrt, wenn die Radikalisierung der Seinsanfragen unvermeidlich in das Gefühl tiefer Einsamkeit zieht. Diese wohl verlässlichste Vertraute, die Einsamkeit, gestattet kein Ausweichen und kein Fliehen. Sie holt den Weltenwanderer, den Gottsucher und den Revoltierenden immer wieder ein und umgibt ihn wie die Dunkelheit, die durchstanden werden will in Erwartung des gleichfalls sicheren Sonnenaufgangs.

So wie die Ohnmacht und das Scheitern wurde in den abendländischen Machbarkeits- und Ablenkungskulturen auch die Einsamkeit stigmatisiert. Doch die Einsamkeit, von der hier gesprochen wird, resultiert nicht aus selbstgewählter Isolation, Kontaktverweigerung oder psychisch-sozialen Blockaden. Sie liegt am Weg des Aufbruchs und dient der Reinigung von alten Denk-, Erlebens- und Handlungsmustern. In ihr bereitet sich das Neue vor. Krisen bedürfen der Einkehr, und wenn die Zisternen ausgetrocknet sind, bleibt nur das Erschließen einer neuen Quelle in Stille, die Suche nach einem Pfad im Verborgenen. Antoine de Saint-Exupéry versinnbildlicht in der Umschreibung eines Wüstenerlebnisses diese Erfahrung:

„Ich entsinne mich eines Tages, da ich mich im unwegsamen Hochland verirrt hatte. Es schien mir süß, inmitten der Meinen zu sterben, als ich wieder menschliche Spuren fand. Doch nichts unterschied die Landschaft von einer anderen, außer der schwachen Spur im Sande, halb verwischt vom Winde. Und alles war verwandelt." (Saint-Exupéry 1956, S. 218)

Das Durchwandern der Einsamkeit, sie als liebende Schwester anzunehmen, gleicht einer Einübung ins Sterben und in die Auferstehung zugleich. Man kann sie verstehen als Übung der Demut, geboren aus der Einsicht in unsere Endlichkeit, und zugleich als vertrauende Zuversicht, dass Dunkelheit nicht gleichzusetzen ist mit dem Verschwinden des Lichts, sondern lediglich mit seinem vorübergehenden Rückzug aus unserer direkten Wahrnehmung. Sie bewahrt in dem Respekt vor unseren Grenzen und dem Verweis auf das uns übersteigende Göttliche davor, in die Falle der Hybris zu laufen, die suggerieren möchte, wir selbst seien uns der letzte Maßstab. Sie hält in der Sehnsucht.

Wir leben inmitten des Mysteriums

Kein bewusster Mensch liebt die Ohnmacht oder sucht das Scheitern. In beides gelangen wir ungeplant, wenn auch gelegentlich durch Vorahnungen, ja, durch eine untrügliche innere Gewissheit geführt. Die Signatur des Scheiterns lässt sich mit dem Code des vernunftbegabten Geistes allein nicht dechiffrieren. Immer bleibt ein unverfügbarer Rest, der zum Verstehen hin sich erst in späteren Lebensphasen öffnet, vorausgesetzt, das Scheitern wurde ins Wachsen und Werden gewollt integriert. Abspaltungen halten im Nichterkennen und Verkennen.

Kein Mensch sucht das Scheitern. Aber er muss es wagen, wenn er mit den Möglichkeiten seines jetzigen Lebens seine Grenzen berührt. Im vorzeitigen Sichergeben bleiben die Türen eines sich im Fluss und der Ermöglichung bewegenden Lebens verschlossen. Und die Wahrheiten, die die Existenz in das Universum des Ewigen stellen, gelangen nicht ans Licht.

Würde die göttliche Begleitung im Scheitern nicht immer wieder zu entschwinden scheinen und ganz in Leere, Dunkelheit und Unmut untergehen, würden wir vermutlich Kompromisse an dem notwendigen Absterben des Überlebten vorbei suchen und uns der Neugeburt verweigern. Im Entstehen aus den zerbrochenen Hüllen des Alten aber überschreitet ein Mensch, wenn er dies als unbegrenzten Prozess ansieht, seine Endlichkeit. Er hält den Zauber am Leben, der im Sichergeben ganz verflöge. Er stellt sich seiner wahren Sehnsuchtstiefe, die doch immer schon Ewigkeit im Hier und Jetzt sucht und damit das gegebene Leben auch einbeziehen muss.

Die Alten sagten, Leben sei beginnendes Sterben. Aus der Integration des Scheiterns in die Dynamik der Ermöglichung lässt sich nun sagen: Leben ist beginnendes Leben. Leben heißt anfangen und nicht enden...

Im Menschen und durch ihn hindurch nimmt die Ursprungskraft des Seins sichtbare und vor allem bewusste Gestalt an. Sie zeigt sich in der von ihm frei gewählten transformatorischen Entfaltung. Mit dem Erkennen, Zulassen und Gestalten seiner Wandlungen erhalten zugleich vorausgegangene Ereignisse und Erfahrungen ihren tieferen Sinn. Schon immer leben wir nicht nur am Rande, sondern inmitten des Mysteriums. Eigenliebe, Eigensucht und Eigenbestätigung, bezogen auf alte Muster, blockieren diese Erfahrung, die gleichwohl jederzeit erstehen kann, wenn Menschen bereit sind zu hören, sich dem stillen Klang des kosmischen Wunders ganz und in Hingabe anzuvertrauen (vgl. Heschel 1982, S. 1 ff.).

In der Hingabe brechen wir mit der Fehlsicht, unser Leben ganz aus unseren Kräften heraus bewältigen und gestalten zu können. Die Leidenschaft, die in der Hingabe als momenthafte Selbstvergessenheit lebt, hebt für Blitze der Empfindung und Erfahrung jene Grenzlinien auf, die der Geist längst als konstruiert durchschaut hat – es sind die Grenzlinien zwischen Liebe, Leid und Vergänglichkeit. Die Hingabe macht uns dessen, was wir Erlösung nennen, würdig. In der Hingabe sind wir für das da, was uns als Sehnsucht erwählte und durch die Sehnsucht erst erweckte. Der Mensch in der Hingabe lebt in der schutzlosen Offenheit für das Göttliche und fühlt sich doch allein in ihr getragen und geborgen. Sein Leben hat dadurch noch keine letzte Erfüllung erlangt, aber an den Wegstationen seines Lebens scheinen aus dem Raum des Göttlichen die Möglichkeiten auf, schon hier und jetzt seine Existenz von Gott her zu entwerfen. So verbindet und integriert der Mensch Noch-Nicht und Schon-Jetzt, Ewigkeit und Zeit, Transzendenz und Immanenz.

Die Hingabe und das Vertrauen verbinden den Fluss unseres Seins mit der unerschöpflichen Quelle, verbinden unsere Seele mit der Welt- und mit der Allseele und unser Herz mit der Schöpfungs- und Eroskraft. Sie erheben Schönheit aus dem Rang des Zufälligen in das Wesenhafte des Universums. Durch sie nimmt in uns das Göttliche seine befreiende Gestalt an.

Hingabe ist die Antwort auf das, was wir als Endlichkeit erfahren. Wir brauchen uns nichts Neues zu erdenken. Alles ist da.

Literatur

Adler, H. G.: *Die Erfahrung der Ohnmacht. Beiträge zur Soziologie unserer Zeit.* Frankfurt a.M. 1964.

Adorno, Theodor W.: *Minima Moralia. Reflexionen aus dem beschädigten Leben.* Frankfurt a.M. 1987 (1951).

Adorno, Theodor W.: *Ästhetische Theorie.* Frankfurt 1981.

Améry, Jean: *Hand an sich legen. Diskurs über den Freitod.* Stuttgart 1976.

Arendt, Hannah: *Vita Activa oder: Vom tätigen Leben.* München 1998 (1958).

Arnold, Matthias: *Vincent van Gogh: Biographie.* München 1993.

Arnold, Wilfred Niels: *Vincent van Gogh. Ein Leben zwischen Kreativität und Krankheit.* Basel u. a. 1993.

Augustinus, Aurelius: *Bekenntnisse.* Zürich 1950.

Baden, Hans Jürgen: *Das Schweigen.* Gütersloh 1952.

Bergson, Henri: *Denken und schöpferisches Werden.* Meisenheim 1948.

Bloch, Ernst: *Das Prinzip Hoffnung.* Frankfurt 1985 (1959).

Bloch, Ernst: *Spuren.* Frankfurt a. M. 1969.

Böckelmann, Frank/Nagel, Herbert (Hg.): *Subversive Aktion. Der Sinn der Organisation ist ihr Scheitern.* o. O. 2002.

Breuer, Rolf: *Die Kunst der Paradoxie. Sinnsuche und Scheitern bei Samuel Beckett.* München 1976.

Buber, Martin: *Gottesfinsternis.* Gerlingen 1994.

Burchat-Harms, Roswitha: *Wenn nichts mehr geht. Umgang mit Scheitern in Konfliktsituationen.* In: Theorie und Praxis der Sozialpädagogik, Heft 6/2000, S. 39 – 41.

Camus, Albert: *Der Fall*. Hamburg 1967.

Camus, Albert: *Der Mensch in der Revolte*. Essays. Reinbek 2001 (1953).

Camus, Albert: *Der Mythos von Sisyphos. Ein Versuch über das Absurde*. Reinbek 1998 (1959).

Castoriachis, Cornelius: *Gesellschaft als imaginäre Institution. Entwurf einer politischen Philosophie*. Frankfurt a.M. 1984.

Cioran, Emil Michel: *Gedankendämmerung*. Frankfurt a. M. 1995.

Cioran, Emil Michel: *Auf den Gipfeln der Verzweiflung*. Frankfurt a. M. 1989.

Das Tibetische Totenbuch. Frankfurt 1996.

Decher, Friedhelm: *Die Signatur der Freiheit. Ethik des Selbstmords in der abendländischen Philosophie*. Lüneburg 1999.

Decher, Friedhelm: *Verzweiflung. Anatomie eines Affekts*. Lüneburg 2002.

Dethlefsen, Thorwald: *Schicksal als Chance*. München 1980.

Dethlefsen, Thorwald/Dahlke, Rüdiger: *Krankheit als Weg*. München 1983.

Dietrich, Walter/Link, Christian: *Die dunklen Seiten Gottes*. Band 2: Allmacht und Ohnmacht. Neukirchen-Vluyn 2000.

Easwaran, Eknath: *So öffnet sich das Leben. Acht Schritte der Meditation*. Freiburg 1991.

Enomiya-Lassalle, Hugo Makibi: *Erleuchtung ist erst der Anfang*. Freiburg/ Basel/Wien 1991.

Eurich, Claus: *Mythos Multimedia*. München 1998.

Eurich, Claus: *Die Kraft der Sehnsucht*. München 1996/1998.

Eurich, Claus: *Die Kraft der Friedfertigkeit*. München 2000.

Eurich, Claus: *Spiritualität und Ethik*. Stuttgart 2003.

Foucault, Michel: *Archäologie des Wissens*. Frankfurt a. M. 1981 (1969).

Foucault, Michel: *Die Ordnung der Dinge. Eine Archäologie der Humanwissenschaften*. Frankfurt a. M. 1978² (1964).

Fuchs, Gotthard/Werbick, Jürgen: *Scheitern und Glauben. Vom christlichen Umgang mit Niederlagen.* Freiburg 1991.

Funke, Günter: *Die Dynamik des Scheiterns,* in: http://www.kirchen.netz/upload/3197_funke_1995.htm.

Goleman, Daniel: *Emotionale Intelligenz.* München/Wien 1996.

Greinacher, Norbert: A*mbivalenz des Scheiterns – Ambivalenz des Menschen.* In: Concilium, 26/1990, Heft 5, S. 357–362.

Guardini, Romano: *Vom Sinn der Schwermut.* Mainz 1983.

Häfner, Ansgar: *Sehnsucht – Affekt und Antrieb.* Freiburg/München 1993.

Hamm, Peter: *Der Wille zur Ohnmacht.* München/Wien 1992.

Hammarskjöld, Dag: *Zeichen am Weg.* München 1965.

Hauser, Arnold: *Kunst und Gesellschaft.* München 1973.

Heer, Friedrich: *Sprung über den Schatten.* Freiburg 1959.

Heidbrink, Ludger: *Melancholie und Moderne. Zur Kritik der historischen Verzweiflung.* München 1994.

Heidegger, Martin: *Gelassenheit.* Pfullingen 1959.

Heidegger, Martin: *Holzwege.* Frankfurt 1950.

Heidegger, Martin: *Sein und Zeit,* Gesamtausgabe Band 2. Frankfurt a. M. 1977.

Helble, Astrid: *... und in vitro ist Nacht. Vom Scheitern in der Wissenschaft.* In: Zeitschrift für Literaturwissenschaft und Linguistik, Heft 119/2000, S. 82–96.

Heller, Edmund: *Nietzsches Scheitern am Werk.* Freiburg/München 1989.

Hempelmann, Heinzpeter: *Gottes Ohnmacht in der Welt als spezifische Weise seines Herrschaftswirkens.* In: Theologische Beiträge Nr. 6/1991, S. 293–319.

Heschel, Joshua Abraham: *Der Mensch fragt nach Gott.* Neukirchen-Vluyn 1982.

Hesse, Hermann: *Wer lieben kann, ist glücklich.* Frankfurt a. M. 1999 (1986).

Holländer, Hans: *Augenblick und Zeitpunkt*. In: Thomsen, Christian W./ Holländer, Hans (Hg.): Augenblick und Zeitpunkt, Darmstadt 1984, S. 7–21.

Illich, Ivan: *Klarstellungen. Pamphlete und Polemiken*. München 1996.

Jacoby, Mario: *Sehnsucht nach dem Paradies. Tiefenpsychologische Umkreisung eines Vorbilds*. Fellbach 1980.

Jaspers, Karl: *Aus den Vorlesungen „Über Vernunft und Existenz".* Die geschichtliche Bedeutung Kierkegaards und Nietzsches, in: http:// www. virtusens.de/walther/u_kierk.htm, 16 Seiten (2. 7. 2003).

Jaspers, Karl: *Philosophie*. III. Metaphysik. Berlin u. a. 1956.

Jung, Carl Gustav: *Von Gut und Böse*. Olten 1990.

Kafka, Franz: *Tagebücher*. Frankfurt a. M. 1954.

Kamlah, Wilhelm: *Meditatio mortis. Kann man den Tod „verstehen" und gibt es ein „Recht auf den eigenen Tod"?* Stuttgart 1976.

Kamper, Dietmar/Wulf, Christoph (Hg.): *Schweigen. Unterbrechung und Grenze menschlicher Wirklichkeit*. Berlin 1992.

Kaspar, Peter Paul: *Sehnsucht. Die Unruhe des Herzens*. Wien/Freiburg/Basel 1989.

Kaufmann, Hans-Bernhard: *Im Scheitern leben und glauben lernen*. Neukirchen-Vluyn 1987.

Kierkegaard, Sören: *Der Augenblick. Aufsätze und Schriften des letzten Streits*. Düsseldorf/Köln 1959.

Kierkegaard: Sören: *Entweder – Oder,* Teil 1 und 2. München 1988.

Kleber, Jutta: *Zur Anthropologie der Sucht in der Spätmoderne,* in: http:// www.palette-hamburg.de/Fachtagung/KLEBER_Beitrag, htm, 15 Seiten (13. 01. 2003).

Kopka, Thomas: *Sehnsucht ohne Hoffnung. Persönlichkeitsentwicklung zum Selbstmord*. Marburg/Lahn 1985.

Körner, Reinhard: *Dunkle Nacht*. In: Schütz, Christian (Hg.): Praktisches Lexikon der Spiritualität. Freiburg/Basel/Wien 1992, S. 245–248.

Krishnamurti, Giddu: *Über die Liebe.* Grafing 2000.

Lehmkuhl, Ulrike/Lehmkuhl, Gerd: *Der individualpsychologische Beitrag zum Verständnis von Macht und Ohnmacht,* in: Zeitschrift für Individualpsychologie, Jg. 14/1989, S. 95–102.

Lessing, Theodor: *Geschichte als Sinngebung des Sinnlosen.* München 1983 (1919).

Lévinas, Emmanuel: *Humanismus des anderen Menschen.* Hamburg 1989.

Lévinas, Emmanuel: *Wenn Gott ins Denken einfällt.* Diskurse über die Betroffenheit von Transzendenz. Freiburg/München 1985.

Luhmann, Niklas: *Die Kunst der Gesellschaft,* Frankfurt a. M. 1997.

Maharaj, Sri Nisargadatta: *Ich bin.* Bielefeld 1989.

Maier, Rudolf Nikolaus: *Robinson. Scheitern und Neubeginn im zeitgenössischen Gedicht.* Stuttgart 1972.

Marcuse, Herbert: *Der eindimensionale Mensch. Studien zur Ideologie der fortgeschrittenen Industriegesellschaft.* Darmstadt/Neuwied 1967.

Mc Lean, Penny: *Einsamkeit ist eine Sehnsucht.* München 1998.

Merleau-Ponty, Maurice: *Die Abenteuer der Dialektik.* Frankfurt a. M. 1974 (1955).

Meyer-Drawe, Käte: *Illusionen von Autonomie. Diesseits von Ohnmacht und Allmacht des Ich.* München 1990.

Mieth, Dietmar: *Vom Ethos des Scheiterns und des Wiederbeginns. Eine vergessene theologisch-ethische Perspektive* In: Concilium, 26/1990, Heft 5, S. 385–393.

Miller, Henry/Miró, Joan: *Das Lächeln am Fuße der Leiter.* Reinbek 2002 (1978).

Nagel, Ivan: *Attentat und Euthanasie.* In: Süddeutsche Zeitung vom 22./23. November 2003 (Nr. 269).

Nietzsche, Friedrich: *Also sprach Zarathustra.* In: Das Hauptwerk. Band III. München 1990, S. 5–363.

Nietzsche, Friedrich: *Die Geburt der Tragödie oder Griechentum und Pessimismus*. In: Das Hauptwerk. Band III. München 1990, S. 365–527.

Paris, Rainer: *Ohnmacht als Pression. Über Opferrhetorik*. In: Merkur, Heft 665/666, September/Oktober 2004, S. 914 – 923 (www. online-merkur.de/seiten/lp200409d.php).

Pieper, Josef: *Über die Hoffnung*. Leipzig 1935. Pieper, Josef: *Vom Sinn der Tapferkeit*. Leipzig 1934. Pieper, Josef: *Zucht und Maß*. München 1939.

Pieper, Josef: *Zustimmung zur Welt. Eine Theorie des Festes*. München 1963.

Plessner, Helmuth: *Gesammelte Schriften V*. Macht und menschliche Natur. Frankfurt a. M. 1981.

Plog, Ursula: *Ohnmacht der Mächtigen*. Vortrag vom 3. 7. 2002 auf dem Wieslocher Psychiatrie-Symposium, in: http://www.irren-ist-menschlich.de/ plog.htm (22. 4. 2003), 7 Seiten.

Rapp, Dorothea: *Oktaven der Liebe. Sieben Motive der Begegnung*. Stuttgart 1995.

Ravagli, Lorenzo: *Kunst im Zeitalter ihres Verschwindens. Paradoxien einer individualistischen Gesellschaft*. In: http://www.geistesleben.com/diedrei/ drei/022000/kunst.html (13. 1. 2003).

Reuter, Hans-Richard: *Politik der Versöhnung. Zur sozialethischen Aktualität eines theologischen Begriffs*. Münster 2000, Vortragsskript, 20 Seiten.

Ruhbach, Gerhard/Sudbrack, Josef: *Christliche Mystik*. München 1989.

Saint-Exupéry, Antoine de: *Weisheit der Wüste*. Düsseldorf 1956.

Sander, Hans-Joachim: *Glaubensworte nicht verleugnen. Die befremdende Ohnmacht Jesu*. Würzburg 2001.

Sauter, Gerhard: *Was heißt: nach Sinn fragen?* München 1982.

Scheler, Max: *Philosophische Weltanschauung*. München 1954.

Schillebeeckx, Edward: *Das historische Scheitern Jesu am Kreuz und Gottes „Trotzdem"*. In: Katholische Blätter, Jg. 123/1998, S. 93–98.

Schiwy, Günther: *Abschied vom allmächtigen Gott.* München 1995.

Schlösser, Anne-Marie/Gerlach, Alf (Hg.): *Kreativität und Scheitern.* Gießen 2001.

Schmid, Wilhelm: *Auf der Suche nach einer neuen Lebenskunst. Die Frage nach dem Grund und die Neugründung der Ethik bei Foucault.* Frankfurt a. M. 1991.

Schmid, Wilhelm: *Philosophie der Lebenskunst.* Eine Grundlegung. Frankfurt a. M. 1998.

Schnoor, Heike: *Psychoanalyse der Hoffnung.* Heidelberg 1988. Walter Schubart: *Religion und Eros.* München 1989 (1966).

Schuchardt, Erika: *Umgang mit Scheitern: „Warum gerade ich...?"* In: Concilium, 26/1990, Heft 5, S. 394 – 407.

Schulte-Altedorneburg, Jörg: *Geschichtliches Handeln und tragisches Scheitern.* Frankfurt a.M. 2001.

Schusak, Dieter: *Rettung durch Scheitern.* E. M. Ciorans posthumes Denken. In: Manuskripte, Dezember 1999, S. 118–123.

Seidler, Günter H: *Der Blick des Anderen. Eine Analyse der Scham.* Stuttgart 20012.

Sölle, Dorothee: *Die Hinreise. Zur religiösen Erfahrung.* Stuttgart 1975.

Spessart-Evers, Stefanie: D*ie Sehnsucht nach dem Paradies.* Vortragsmanuskript. Heidelberg 1995.

Stüttgen, Albert: *Lass los damit Du leben kannst,* München 1999.

Stüttgen, Albert: *Zeitlos-gegenwärtig. Im Sichvergessen sich finden.* In: Edith Stein Jahrbuch, Band 9. Würzburg 2003, S. 225 –236.

Sullivan, Jean: *Die Schwäche Gottes.* Graz 1960.

Szilasi, Wilhelm: *Macht und Ohnmacht des Geistes.* Freiburg 1946.

Teilhard de Chardin, Pierre: *Der göttliche Bereich.* Olten/Freiburg 1962.

Tiedemann, Paul: *Über den Sinn des Lebens. Die perspektivische Lebensform.* Darmstadt 1993.

Tillich, Paul: *Der Widerstreit von Raum und Zeit.* Gesammelte Werke Band VI. Stuttgart 1963.

Tügel, Hanne/Bezjak, Roman: *Trauer.* In: Geo, Heft 12/2003, S. 174 –204.

Vogt, Matthias Christoph: *Der anthropologische Zusammenhang zwischen Sehnsucht und Sucht.* Zürich 1993.

Wehr, Gerhard: *Tiefenpsychologie und Christentum. C. G. Jung.* Augsburg 1990.

Weinreb, Friedrich: *Psychologie der Sehnsucht. Entwurf einer biblischen Seelenkunde.* Weiler 1996.

Weischedel, Wilhelm: *Der Gott der Philosophen.* Grundlegung einer philosophischen Theologie im Zeitalter des Nihilismus. Darmstadt 1983.

Wiggermann, Karl-Friedrich: *Mit Scheitern leben.* In: Zeitschrift für Theologie und Kirche, Bd. 96/1999, S. 424 – 438.

Wilber, Ken: *Integrale Psychologie.* Freiamt 2001.

Weitere Bücher aus dem Verlag Via Nova:

Wege der Achtsamkeit
Über die Ethik der gewaltfreien Kommunikation
Claus Eurich

Hardcover, 184 Seiten, ISBN 978-3-86616-089-7

Der Mensch ist Kommunikation. Jedes Wort, jede Geste, alles Tun und Nicht- Tun enthält eine Botschaft. In der Weise unseres Kommunizierens mit der Um- und Mitwelt, mit unserer Innenwelt und mit dem göttlichen Bereich erweist sich zugleich die Tiefe unserer ethischen und spirituellen Beheimatung. In drei Abschnitten geht dieses Buch der Beziehung von Spiritualität, Ethik und Kommunikation nach. Ein wesentlicher Fokus liegt dabei auf der wechselseitigen Verbundenheit allen Seins. Der Entwurf eines integralen Ethos mündet schließlich in grundlegenden und zugleich konkreten Schritten einer gewaltfreien und empathischen Kommunikation. Wir lernen uns entsprechend auszurichten. Sowohl im Alltagsleben eines jeden Menschen als auch in beruflichen und systemischen Kontexten kann dies eine große Hilfe auf dem Weg achtsamer Lebensgestaltung sein.

Das Gute im Bösen
Die Versuchung als Impuls für das innere Wachstum
Claus Eurich

Hardcover, 144 Seiten, ISBN 978-3-86616-160-3

Wie die Erfahrung des Bösen das Gute im Menschen und seine Entwicklung fördern kann. Das Böse gehört als Verhängnis, als moralische Verfehlung und als metaphysische Macht zur unumstößlichen Wirklichkeit. Es tritt auf als dunkle Energie, die wir mit Zerstörung, Unglück, Verzweiflung und Leid in Verbindung bringen. Dieses Buch verbindet die wichtigsten Erkenntnisse über Erscheinung und Wesen des Bösen mit der Frage nach dem verborgenen Guten, das durch das Böse erweckt werden kann. Es gibt Hinweise, wie Menschen sich durch das Erkennen ihrer eigenen Anteile und durch eine andere, bewusste innere Ausrichtung dem Zugriff des Bösen schrittweise entziehen können.

Resilienz –
Was die Psyche stark macht!
Das eigene Potenzial entfalten, Blockaden lösen und Krisen meistern
Gerda M. Kolf

Paperback, 144 Seiten, 50 mehrfarbige Fotos, ISBN 978-3-86616-264-8

Es gibt Situationen und Phasen im Leben, in denen wir unseren Mut und unsere Kraft erst wieder finden müssen, um dem Leben neu und freudvoll zu begegnen. Die „Stehaufmännchen-Methode" zeigt, wie erstaunlich einfach es sein kann, innere Hindernisse zu überwinden und sein eigenes Potenzial zu befreien. Ob Ängste, Phobien, innere Blockaden, Schlafstörungen, körperliche Verspannungen – für fast jedes Problem gibt es die passende „Stehaufmännchen-Methode". Sie sind von der Autorin in der Praxis erprobt und nun erstmals in diesem Buch genau beschrieben. Wenn wir ausprobieren, werden wir staunen, was alles möglich ist, wenn wir der Vergangenheit die Macht über unser heutiges Leben nehmen und Lebensfreude und Leistungsvermögen wieder erfahren.

Sich ändern – statt ärgern
Befreiung von negativen Gefühlen
Kurt A. Richter

Taschenbuch, 352 Seiten, ISBN 978-3-86616-273-0

Wer kennt das nicht? Sich stets wiederholende Situationen, die uns das Leben schwer machen. Menschen, die unsere „Knöpfchen" drücken und uns mit verbalen Angriffen, mit Zynismus, Arroganz, Vorwürfen, Neid oder Nörgeleien „runterziehen" und uns zurücklassen mit belastenden Gefühlszuständen, wie Selbstzweifel, Sorgen, Schuldgefühlen, Ängsten oder jede Menge Ärger. Schluss damit! Dieses Buch zeigt den Weg heraus aus diesen Dilemmas. Mit einer super effektiven Methode, die anhand inspirierender Dialoge lebensnah und praktisch vorführt, wie wir uns von alten Mustern und Konditionierungen befreien können. Mehr als das! Wie wir uns wappnen und schützen und wie wir unser Selbstbewusstsein und unsere besten Qualitäten wieder kraftvoll ins Leben bringen. Zeit für ein neues Update des Geistes. Enter now!

Die Verbindung mit dem Urgrund des Seins

Ein Zugang zur unerschöpflichen Kreativität des Universums

Arnold Mindell

Paperback, 288 Seiten, ISBN 978-3-86616-228-0

Dieses Buch ist die Antwort eines weltweit bedeutenden Naturwissenschaftlers und Psychologen auf Einsteins berühmten Wunsch: „Ich möchte die Gedanken von Gott kennen. Alles andere sind nur Details." Der Autor geht der Frage nach: „Worin besteht der Geist von Gott?" Diesen Geist, der für ihn der Ursprung aller Lebens- und Naturgesetze ist, nennt Dr. Mindell den „Prozessgeist". Dr. Mindell verbindet dabei die Erkenntnisse der modernen Physik (Quantenforschung) mit den grundlegenden Erfahrungen der transpersonalen Psychologie, dem Taoismus und der Mystik in den spirituellen Traditionen. In 20 inspirierenden Kapiteln stellt dieses Buch überprüfte und praktische Methoden und Übungen vor, wie jeder einzelne mit seinen Beziehungen und wie Organisationen die Verbindung mit dem Prozessgeist als Urgrund des Seins herstellen können. Es hilft, mit Träumen, Körpersymptomen und damit verbundenen Schmerzen, mit Beziehungen und Konflikten besser umzugehen und sich selbst zu erfahren.

Spiritualität ist die Zukunft

Eine neue Weisheitskultur für das 21. Jahrhundert

Copthorne Macdonald

Paperback, 320 Seiten, ISBN 978-3-86616-170-2

In diesem Buch beschreibt der Schriftsteller und Gelehrte C. Macdonald umfassend, übersichtlich und überzeugend die Umbruchsituation, in der sich Individuen und Menschheit heute befinden. Er zeigt wesentliche historische und aktuelle Wirkungskräfte und Zusammenhänge auf und vermittelt tiefgründige Kenntnisse über unsere kosmische, globale und psychisch-mentale Realität. Aus diesem Verstehen im Zusammenhang dieser „Tiefenerkenntnis" entwickelt er eine realistische Vorstellung, wie die heutige Welt, Gesellschaft und Wirtschaft bis 2050 integral transformiert werden sollte, gekennzeichnet durch materielle Nachhaltigkeit, wirtschaftliche Gerechtigkeit, lebendige lokale und globale Kulturen und genügend Freizeit für ein erfülltes Privatleben.